JN437732

선상원의 그린(Green) 구례 희망 노트

선상원의 그린(Green) 구례 희망 노트

초판 1쇄 인쇄_ 2026년 1월 3일 | 초판 1쇄 발행_ 2026년 1월 3일
지은이_선상원 | 펴낸이_오광수 외 1인 | 펴낸곳_새론북스
주소_서울시 용산구 한강대로 76길 11-12 5층 501호
전화_02)3275-1339 | 팩스_02)3275-1340 | 출판등록_제2016-000037호
E-mail_ jinsungok@empas.com
ISBN_978-89-93536-80-5 03340
※ 책 값은 뒤표지에 있습니다.
※ 새론북스는 도서출판 꿈과희망의 계열사입니다.

선상원의 그린(Green)

구례 희망 노트

선상원 지음

새론북스

●추천사1

구례의 미래를 촘촘하게 설계하고, 역동적으로 실행할 사람

국회의원 권향엽(더불어민주당 순천 · 광양 · 곡성 · 구례(을))

구례 군민 여러분께 인사드립니다. 선상원 의원의 책 『선상원의 그린(Green) 구례 희망 노트』 출간을 진심으로 뜻깊게 생각합니다.

국가 발전과 민주주의의 힘은 풀뿌리 민주주의에서 시작됩니다. 군민의 목소리를 가장 먼저 듣고, 가장 성실하게 실천으로 옮기는 기초의회 의원의 역할은 그 출발점이라 할 수 있습니다.

지난 12년 동안 3선 군 의원으로서 구례의 일꾼 역할을 묵묵히 수행해 온 선상원 의원의 애향심과 책임감에 감사의 박수를 보냅니다.

구례는 천혜의 자연과 따뜻한 공동체의 정을 간직한 자랑스러운 고장이지만, 인구 감소와 지역 소멸이라는 시대적 과제 앞에 서 있기도 합니다. 이럴 때일수록 군민 가까이에서 소통하며, 원칙과 실천으로 지속 가능한 미래를 만들어 가는 방향의 전환이 필요합니다.

이 책에는 구례 토박이로서 고향을 향한 애정을 정책과 행동으로 실천해 온 발자취와 '그린 구례', '사람 중심 구례'를 향한 분명한 비전이 담겨 있습니다. 구례의 내일을 군민과 함께 설계하고, 실행으로 증명해 나가겠다는 굳은 다짐이 고스란히 전해집니다.

'선상원의 그린(Green) 구례 희망 노트'가 구례의 미래를 향한 든든한 이정표가 되기를 기대하며, 군민 여러분의 따뜻한 응원을 부탁드립니다.

2026. 1. 1

더불어민주당 순천 · 광양 · 곡성 · 구례(을) 국회의원 권향엽

구례의 내일 향한 비전 담긴 귀중한 기록

국회의원 김문수(더불어민주당 순천광양곡성구례(갑))

안녕하십니까.

더불어민주당 순천광양곡성구례(갑) 국회의원 김문수입니다.

구례의 미래를 누구보다 깊이 고민하고, 주민 한 분 한 분의 목소리를 가장 가까이에서 들어온 사람. 바로 선상원 예비후보입니다.

선상원 예비후보는 그동안 행정 · 정책 · 지역 현장에서 쌓아온 풍부한 경험을 바탕으로, 구례군이 더 넓은 길로 나아갈 수 있도록 실력과 진정성을 갖춘 분입니다. 특히 소통과 참여를 중시하는 그의 철학은 앞으로의 지방자치가 가야 할 방향과 정확히 맞닿아 있으며, 구례 군민과 함께 만드는 새로운 변화의 밑거름이 될 것입니다.

이번에 출간된 이 책은 선상원 예비후보의 삶과 철학, 그리고 구례의 내일을 향한 비전이 담겨 있는 귀중한 기록입니다. 단순한 출판이 아니라, 구례의 미래를 어떻게 그려나갈 것인지에 대한 진지한 제안이며, 지역 발전에 대한 깊은 책임감이 고스란히 담겨 있습니다.

구례 발전을 위해 오래 고민해온 한 사람으로서, 선상원 예비후보의 진심과 역량을 믿습니다. 이 책이 구례 군민 여러분께 희망과 방향을 제시하는 의미 있는 길잡이가 되기를 진심으로 기원합니다.

선상원 예비후보와 함께하는 구례의 미래, 더 밝고 힘차게 열리길 응원합니다.

감사합니다.

2026. 1. 1 국회의원 김문수

"우리 구례 미래와 희망을 군민과 함께 얘기하고 설계하겠습니다"

"사랑하고 존경하는 구례 군민 여러분!

안녕하세요?

군례군 의원 선상원입니다."

우리 구례는 섬진강의 물줄기처럼 맑고, 지리산의 품처럼 너른 공동체의 정을 간직한 아름다운 고장입니다. 천혜의 자연, 역사의 숨결, 신뢰받는 먹거리 그리고 인정 넘치는 사람들의 정과 사랑이 넘쳐나는 곳입니다.

이곳이 바로 제가 나고 자라고 지금 군민 여러분과 함께 생활하는 우리의 고향이라는 것에 감사하는 마음과 자긍심이 충만한 오늘입니다.

국내외로 시대 변화의 속도가 빨라지고 있습니다. 지금 우리 앞에는 'AI 혁명이 가져온 놀라운 기술'과 '지역 인구 소멸'이라는 빛과 그림자가 동시에 드리워져 있습니다.

무엇보다도 농업의 가치는 저평가되고, 지역 경제의 활력은 떨어지며, 청년들은 정든 고향을 떠나 대도시로 쏠리는 현상은 우리 모두가 함께 풀어나갈 새로운 과제로 대두되었습니다. '구례'라는 공동체 자체가 지속 가능할 수 있느냐 하는 절박한 질문 앞에 서 있습니다.

저는 이 엄중한 현실을 회피하지 않겠습니다.

지난 2014년 구례군 최연소 군 의원으로 군의회에 발을 내디딘 이래 지난 12년간 3선 구례군 의원으로서 젊음을 바치며 최선을 다하겠다는 각오로 열심히 달려왔습니다.

하지만 더 촘촘하게 들여다보지 못한 우리 군의 면면이 있고, 더 가까이서 더 듣지 못한 군민의 목소리가 있으며, 군 발전을 위해 의지를 키웠으나 해결하지 못한 일들도 있다는 것을 잘 알고 있습니다.

저는 오직 구례의 미래를 군민의 희망으로 바꾸겠다는 간절한 소명으로 새로운 준비를 시작하고 있습니다.

우리 군을 맨 앞에서 이끌고 갈 머슴이 되어 낡은 관행과 탁상공론의 행정을 벗어나, 청년의 아이디어가 살아 숨 쉬고, 농민의 땀이 정당한 가치를 얻는 역동적인 구례를 만들고자 합니다.

4차 산업혁명 시대에 걸맞은 '혁신 농업과 지역 특화 산업 육성', '미래 세대가 꿈을 이룰 수 있는 토대 마련', '군민 기본소득으로 이어질 수 있는 경제 발전 프로젝트 설계', '초고령 시대 안전하고 행복한 복지'를 실현해 보고자 합니다.

구례의 새로운 100년은 바로 지금, 우리 군민의 선택으로 시작됩니다. 저 구례군수 후보자 선상원에게 힘을 모아주시고 군민을 섬길 수 있는 자리에서 일할 수 있는 기회를 주시길 부탁드리고자 합니다.

이 한 권의 책을 통해 군민 여러분과 더 가까이서 구례의 미래를 얘기하고 희망을 찾고자 구례의 아들로 지나온 저의 삶과 군의회 활동 12년의 이야기 그리고 앞으로 우리 구례의 미래에 대한 설계를 들려드리고자 합니다.

지속 가능한 구례, 청년이 돌아오는 구례, 함께 웃고 희망을 노래하는 '구례'를 군민 여러분과 함께 반드시 만들어내겠습니다.

감사합니다.

2026. 1. 1 선상원

차례 • 선상원의 그린(Green) 구례 희망 노트

구례 파수꾼 선상원의 12년 일지

구례군수 출마의 변

3선 군 의원의 이유있는 도전

차례 • 선상원의 그린(Green) 구례 희망 노트

1부 산 따라, 물 따라, 사람 따라 '구례'

2부 최연소 군 의원, 달라지는 구례

3부 그린(Green) '구례', 기본소득 '구례'!

소리의 춤, 구례의 음악

구례 파수꾼
선상원의
12년 일지

● 7대(2014. 7. 1 ~ 2018. 6.30) ●
초선 당선

구례군 자율방범대 지원에 관한 조례안
2015. 10. 13.

구례군 범죄예방 도시환경디자인 조례안
2016. 7. 27.

구례군 범죄피해자 보호 및 지원 조례안
2017. 3. 14.

8대(2018. 7. 1 ~ 2022. 6.30)
재선 당선

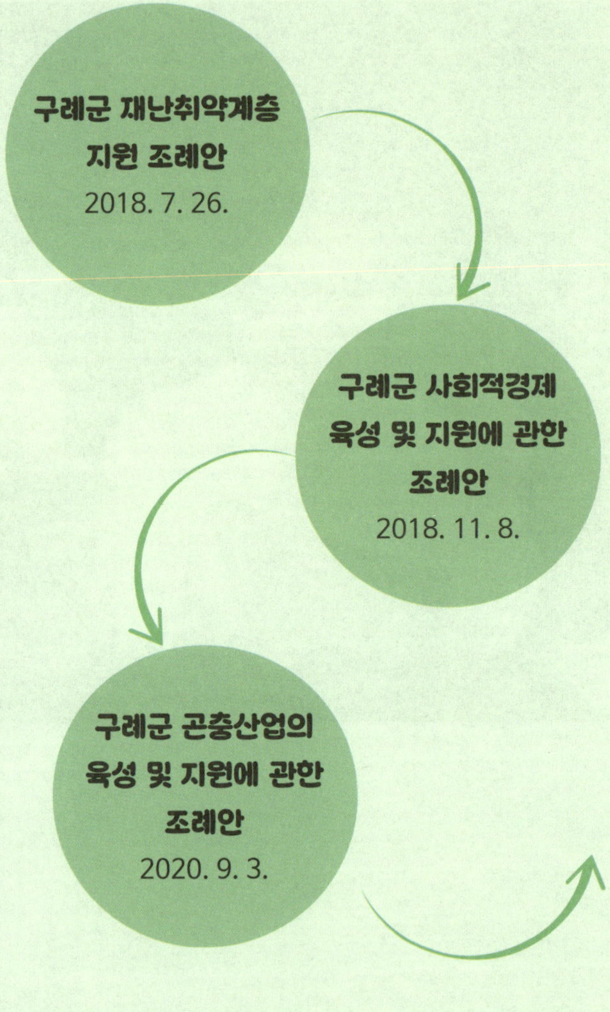

구례군 재난취약계층 지원 조례안
2018. 7. 26.

구례군 사회적경제 육성 및 지원에 관한 조례안
2018. 11. 8.

구례군 곤충산업의 육성 및 지원에 관한 조례안
2020. 9. 3.

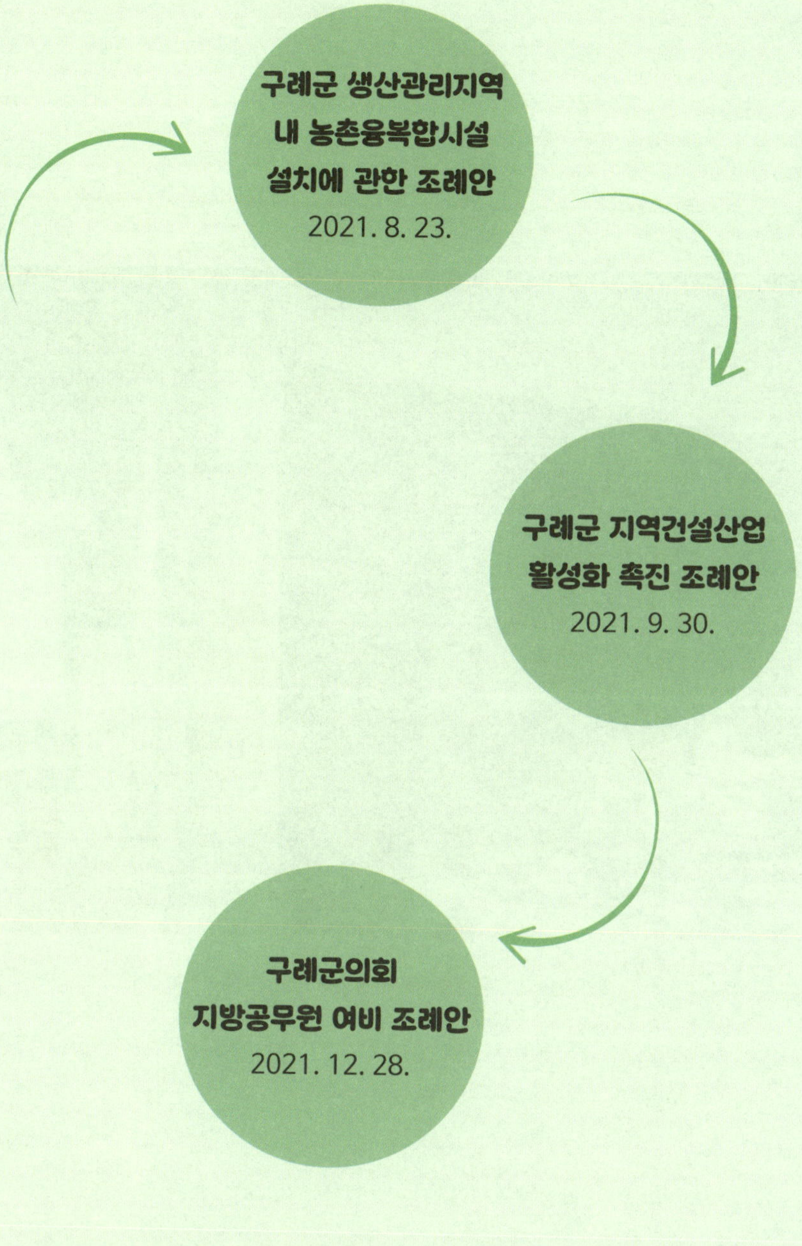

구례군 생산관리지역
내 농촌융복합시설
설치에 관한 조례안
2021. 8. 23.

구례군 지역건설산업
활성화 촉진 조례안
2021. 9. 30.

구례군의회
지방공무원 여비 조례안
2021. 12. 28.

2020년 8월 수해피해 복구현장

9대(2022. 7. 1 ~ 2026. 1 현재)
3선 당선

구례군 농식품 명인 · 명품 지원에 관한 조례 제정조례안
2023. 8. 7.

구례군 공공조형물의 설치 및 관리 등에 관한 조례안
2024. 4. 15.

구례군 작은도서관 운영 및 지원에 관한 조례안
2024. 10. 21.

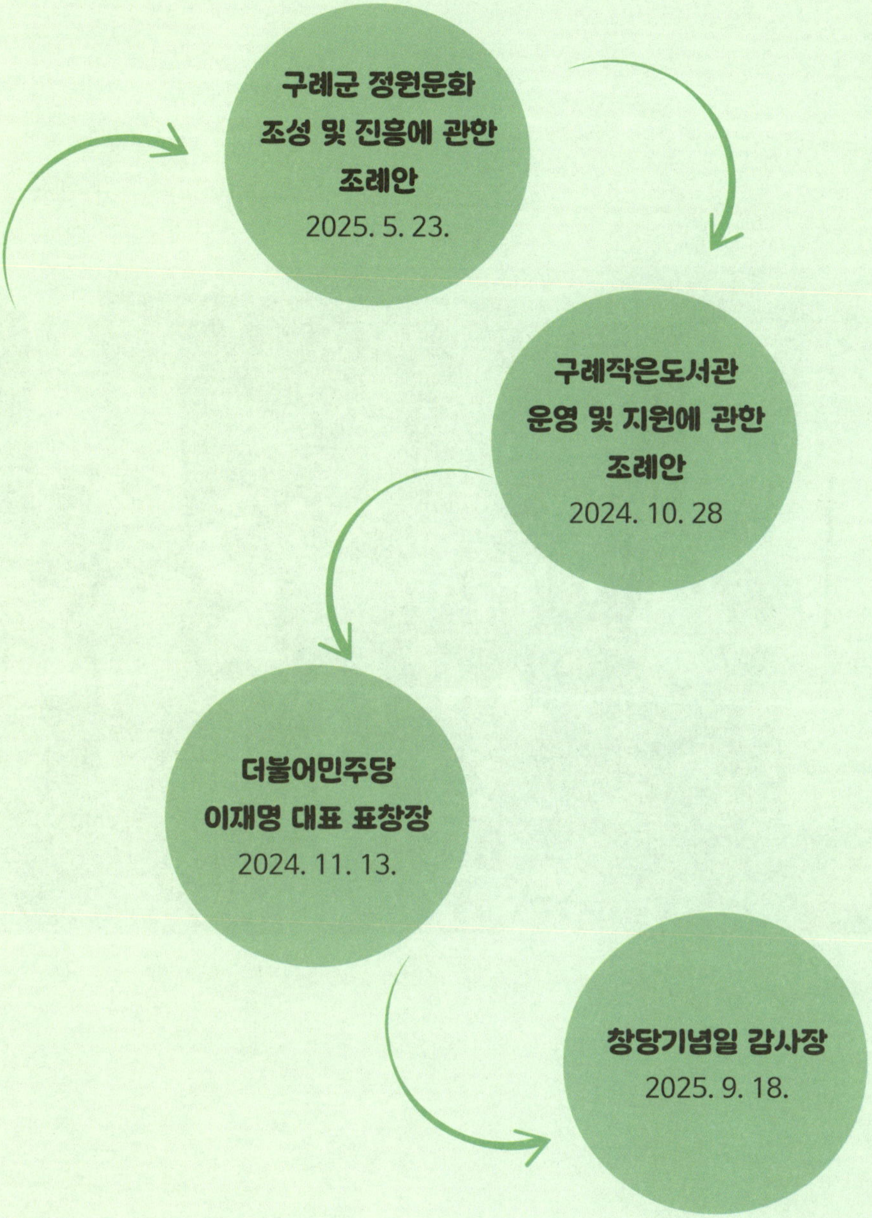

구례군 정원문화 조성 및 진흥에 관한 조례안
2025. 5. 23.

구례작은도서관 운영 및 지원에 관한 조례안
2024. 10. 28

더불어민주당 이재명 대표 표창장
2024. 11. 13.

창당기념일 감사장
2025. 9. 18.

Chilsung
Cider

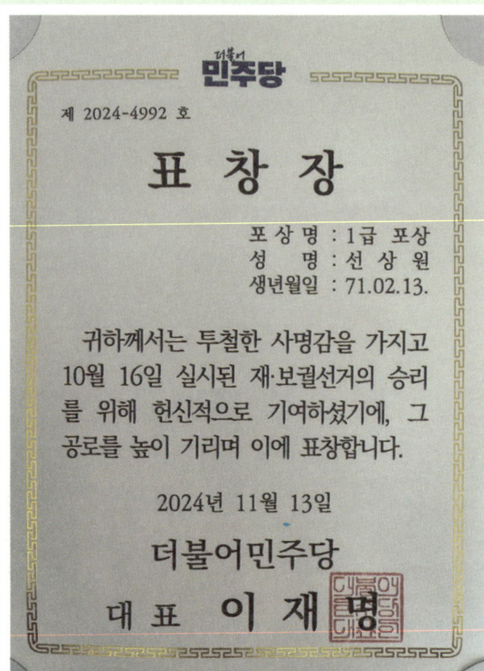

더불어 민주당

제 2024-4992 호

표 창 장

포상명 : 1급 포상
성 명 : 선 상 원
생년월일 : 71.02.13.

귀하께서는 투철한 사명감을 가지고 10월 16일 실시된 재·보궐선거의 승리를 위해 헌신적으로 기여하셨기에, 그 공로를 높이 기리며 이에 표창합니다.

2024년 11월 13일

더불어민주당

대 표 이 재 명

선상원 의원

구례군 작은도서관 운영 및 지원에 관한 조례안

선상원 의원이 대표 발의한 「구례군 작은도서관 운영 및 지원에 관한 조례안」이 제313회 임시회(2024. 10. 28.~11. 5.)에서 가결됐다.

제정 목적은 작은도서관의 설치 및 운영에 필요한 사항을 규정해 지역 주민이 생활환경과 가까운 곳에서 책을 쉽게 접하고 이를 통해 생활 친화적 도서관 문화를 형성하기 위함이다.

작은도서관 조성에 노력해야 한다는 군수의 책무, 연 1회 이상 정기적으로 작은도서관의 운영에 대해 지도 및 감독해야 하는 의무 등을 규정했다.

이 조례를 통해 작은도서관이 지역사회에서 문화와 여가생활을 활성화하는 거점 역할을 할 것으로 기대된다.

선상원 의원
구례군 농식품 명인·명품 지원에 관한 조례, 구례군 명인·명장 선정 및 지원에 관한 조례 의결

구례군의회 선상원 의원이 대표 발의한 '구례군 농식품 명인·명품 지원에 관한 조례', '구례군 명인·명장 선정 및 지원에 관한 조례' 2건이 제302회 정례회에서 의결되었다.

선상원 의원은 소비자에게 품질 좋은 식품을 공급하기 위해서는 구례군 농식품 및 가공산업 분야에서 경쟁력과 차별성을 갖춘 명인과 명품을 발굴하고 육성해야 한다고 강조했다.

또한 구례군 문화예술 분야의 명인과 명장을 선정하고 지원하는 데 필요한 사항을 규정함으로써 문화예술 분야의 진흥을 도모할 것이라고 밝혔다.

구례의 전통문화예술을 계승하고 새로운 지역문화를 창조할 수 있는 기반을 탄탄히 닦겠다는 것이다.

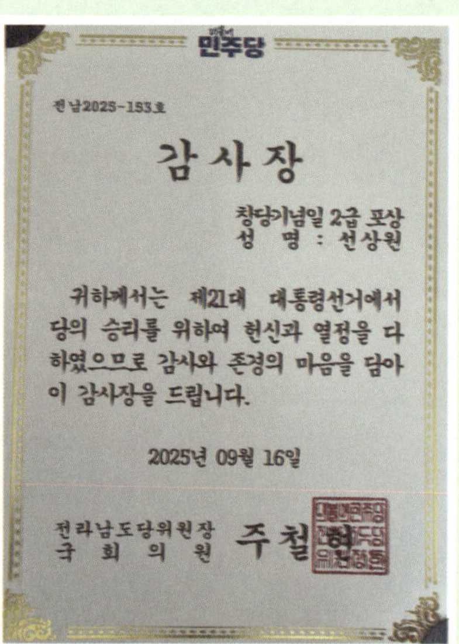
민주당

전남2025-153호

감 사 장

창당기념일 2급 포상
성 명 : 선상원

귀하께서는 제21대 대통령선거에서 당의 승리를 위하여 헌신과 열정을 다하였으므로 감사와 존경의 마음을 담아 이 감사장을 드립니다.

2025년 09월 16일

전라남도당위원장
국회의원 주철현

구례군 공공조형물의 설치 및 관리 등에 관한 조례

선상원 의원이 대표 발의한 「구례군 공공조형물의 설치 및 관리 등에 관한 조례」가 제307회 임시회(2024. 4. 22. ~4. 30.)에서 가결됐다.

본 조례는 구례군에 공공조형물을 설치할 때 그 설치와 관리에 필요한 사항을 규정함으로써 쾌적하고 아름다운 도시 공간 조성을 위해 제정됐다.

이를 통해 지역 특성이 반영되고 예술적 가치가 높은 조형물이 설치되고, 지속 가능하게 관리될 것으로 기대된다.

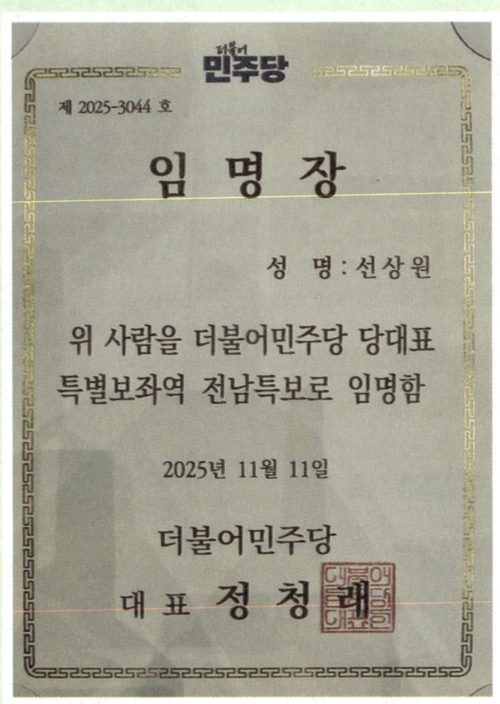

더불어 민주당

제 2025-3044 호

임 명 장

성 명 : 선 상 원

위 사람을 더불어민주당 당대표 특별보좌역 전남특보로 임명함

2025년 11월 11일

더불어민주당

대 표 정 청 래

의원이 바라보는 세상

인구 감소의 그늘, 구례군 농산물 판매의 새로운 돌파구

글 선상원(구례군의회 의원)

구례군은 자연이 빚어낸 풍요로운 농산물로 잘 알려져 있습니다. 하지만 이 아름다운 고장에도 인구 감소의 그림자가 짙어지고 있습니다. 여전히 비옥한 농지에서는 계절마다 풍성한 농산물이 수확되고 있지만, 이를 소비할 사람은 점점 줄어들고 있습니다. 농산물은 넘치는데 이를 구매할 인구가 부족해지면서 농업인들은 생계에 대한 불안감이 커지고 있습니다. 이 위기를 극복하기 위해서는 이제 새로운 전략이 필요합니다. 그 해답은 관계 인구와 관광객 유치, 그리고 도시와의 적극적인 교류에 있습니다.

[관계 인구 유치, 구례군에 생명을 불어넣다] 구례에 거주하지는 않지만 지역과 깊은 연을 맺고 있는 관계 인구의 중요성은 날로 커지고 있습니다. 이들은 단순한 방문객이 아닌, 구례군 경제에 숨을 불어넣는 중요한 연결 고리입니다. 예를 들어, 도시에서 온 사람들이 구례의 농촌 체험 프로그램에 참여하거나, 정기적으로 농산물을 구매하는 '농산물 구독 서비스'에 가입하도록 유도하는 것이 한 방법입니다. 이를 통해 단지 일회성 방문에 그치는 것이 아니라 지속적인 관계를 형성함으로써, 구례군의 농산물이 꾸준히 소비될 수 있는 기반을 마련할 수 있습니다.

관계 인구 유치를 위해서는 구례군의 자연과 농산물의 가치를 널리 알리는 것이 필수입니다. 온라인 마케팅과 소셜미디어를 통해 구례의 매력을 적극적으로 홍보하고, 도시와 협력해 정기 배송 시스템을 구축하는 등의 노력이 필요합니다. 이러한 방법으로 구례군의 농산물이 더 넓은 소비층에 안정적으로 도달할 수 있습니다.

[관광객, 구례군의 새로운 농산물 소비 주체로] 구례군의 숨겨진 보물 같은 자연경관과 문화유산은 관광객 유치를 위한 훌륭한 자산입니다. 이 자산을 최대한 활용해 농산물 소비를 촉진할 수 있습니다. 관광객이 구례를 방문할 때, 현지 농산물을 직접 체험하고 구매할 수 있도록 로컬 푸드 매장이나 직거래 장터를 활성화해야 합니다. 관광객에게 구례군의 신선한 농산물은 단순한 기념품이 아닌, 그 지역의 풍요로움을 맛볼 수 있는 소중한 경험이 될 것입니다. 구례의 농산물을 이용한 특별한 지역 음식을 관광객에게 제공하는 것 또한 큰 매력 포인트가 될 수 있습니다. 지역 농산물로 만든 음식은 그 자체로 구례를 기억하게 하는 특별한 경험을 선사하며, 이는 곧 농업인의 소득 증대로 이어질 것입니다.

[도시와의 연결, 구례군 농산물의 생명선] 도시와의 긴밀한 교류는 구례군 농산물의 지속적인 판매를 위한 생명선입니다. 도시 지역의 소비자들은 신선하고 품질 좋은 농산물을 찾고 있으며, 구례군은 이에 부응할 수 있는 최적의 공급처입니다. 도시와 협력해 직거래 시장을 활성화하고, 정기 배송 프로그램을 통해 도시 소비자들의 식탁에 구례의 농산물을 정기적으로 올려놓는 시스템을 구축해야 합니다.

도시 주민들이 구례를 직접 방문해 농촌 체험을 하고, 농산물을 구매할 수 있는 기회를 제공하는 것 또한 중요합니다. 도시와 구례군의 상호작용은 단순히 물건을 사고파는 거래를 넘어, 도시 소비자들에게 구례의 가치와 매력을 심어주는 중요한 계기가 될 것입니다.

구례군은 인구 감소라는 어려움 속에서 새로운 길을 모색해야 합니다. 관계 인구와 관광객 유치, 도시와의 교류를 통해 농산물 소비의 새로운 돌파구를 마련할 수 있습니다. 이 전략은 단순한 생존이 아니라, 구례군의 미래를 위한 지속 가능한 발전의 기반을 다지는 길입니다. 이 길을 통해 구례군은 더욱 활기차고 풍요로운 지역사회로 거듭날 수 있을 것입니다. 구례군의 농업인과 주민들이 함께 만들어갈 이 미래는 우리 모두의 관심과 참여로 더욱 빛날 것입니다.

구례군수 출마의 변

3선 군 의원의 이유있는 도전

하나,
기업인의 마인드로 군을 경영한다.

"정치인은 '서생적 문제의식'과 '상인적 현실감각'을 함께 가져야 한다."

이 말은 김대중 대통령의 명어록으로 후배 정치인들이 많이 인용하는 내용이다. 이재명 대통령도 2025년 8월 18일 김대중 전 대통령 서거 16주기 추모식 추도사를 통해 '서생적 문제의식'과 '상인적 현실감각'에 대해 말했다.

"대통령님이 남기신 '서생적 문제의식과 상인적 현실감각'은 혼돈 속에 번영의 새 길을 찾아내야 할 우리의 길잡이가 되었다. 역사는 기억하는 이들의 것이며, 희망은 실천하는 이들의 몫이다. 격동하는 위기의 시대, 거인 김대중의 삶에서 답을 찾겠다."

나 또한 '서생적 문제의식과 상인적 현실감각'을 지향한다. 정치하는 데에는 원칙과 철학이 있어야 하는데 이것이 없으면 좌표를 잃고 권력만 추구하는 정치인이 된다는 얘기다. 다시 말하면 서생(선비)들이 가진 문제의식은 곧 원칙이자 철학이자 신념이자 소신이며 현실에서 이를 구현하려면 결과를 고려하는 책임 있는 자세로 원칙을 유연하게 실천하여 이뤄내야 한다는 것이다.

지자체를 이끄는 리더는 서생적 문제의식만 갖고서는 반쪽 지도자가 되기 십상이다. 원칙과 철학으로 문제를 찾고 그것을 해결하려면 내 입장만 고수해서는 안 된다. 이를테면 여야 정치인들이 각자의 입장을 내세우며 목소리를 높이는 것은 필요한 일이지만 그 속에서도 협치를 무시하면 그것은 너도 나도 얻는 것이 없고 힘만 빼는 '제로섬 게임'이 될 수밖에 없다. 그 피해는 고스란히 국민에게 돌아가기 마련이다. 하나를 양보하더라도 셋을, 넷을 얻어낼 수 있는 지혜가 필요하다.

세상은 누가 바라 보느냐에 따라서 달라진다. 나는 군민이 먹고 사는 문제에 있어서 사업가 마인드를 갖고 현실적인 이익이나 필요성이 있으면 법을 바꿔서라도 해야 한다는 입장이다. 단 군민의 입장에서 생각하고 계획하고 추진되어야 한다는 원칙을 고수할 것이다.

둘,

말로만 아니고 현장에서 소통한다.

민생 현장을 직접 둘러보면서 민의에 귀기울이지 않고 서류 중심의 행정으로만 일을 처리하려는 방식을 가리켜 흔히 '탁상 행정'이라고 비난한다.

고백컨대 군 의원 12년 동안 여러 켤레의 구두 밑창이 닳도록 열심히 뛰어다녔다고 생각한다. 군 의원이기에 당연히 이런저런 행사장을 찾아가는 일도 많았지만 늘 진심을 다해 움직인 것은 군민들과의 대면 만남을 통해 군민들의 생생한 목소리를 듣고 우리 군의 현실을 내 눈으로 보고자 했던 까닭이다.

서류나 보고서로서는 알 수 없는 생생한 의견, 불편함, 그리고 절실한 요구 사항을 현장에서 들어야 한다. 군의 문제를 그때그때 파악하고 체감행정을 실현하기 위해서 필요한 사전적 행위다. 현장의 상황과 맥락을 이해한 뒤에 정책을 결정하면, 탁상공론이 아닌 현실에 기반한 정책을 만들 수 있기에 정책의 목표를 보다 효과적으로 이룰 수 있다.

또한 현장에 나가 군민들과 눈높이를 맞추고 대화하는 일들은 군민과의 신뢰를 만드는 중요한 일이라고 생각한다. 그래서 이미 작정한 일이 있다. 구례읍 5일장이 열리는 날엔 정기적으로 반드시 시장에 나가 군민들과 소통하는 시간을 갖고자 한다. 야채나 곡물을 팔러 나온 농민들을 만나 농작물 작황이나 애로점을 듣고, 나들이 삼아 시장에 나온 어르신들의 목소리에 귀를 기울이고 또 상인들로부터 나오는 말도 담아오고자 하는 이유에서다.

나는 50대이고 여전히 건강하다. 책상에 앉아서 고민을 하고 회의실에서 직원들과 지혜를 모아야 하는 일에도 게을리하지 않겠지만 그 못지 않게 현장을 발로 뛰는 우리 군의 새로운 리더의 모습을 보여주고자 한다.

셋, 행정이 하는 일 군민도 알게 한다.

20세기 들어서면서 국내기업들이 경영에 있어서 자랑처럼 내세운 것 중 하나가 '투명경영'이었다. 단적으로 직원(근로자)들이 단지 일하고 월급만 받아가는 존재가 아니라 분기별로 회사가 얼마나 벌고 어디에 얼마를 지출했고 순수익은 얼마를 남겼다는 것까지 전직원이 한눈에 알 수 있게 공개한다는 것이다,. 이를 통해 구성원들기 회사와 대표이사를 신뢰하고 이를 통해 다 함께 성장시켜가는 기업이라는 것을 강조한 셈이다.

지금은 어떨까. 최근 국내외 기업들이 앞다퉈 내세우는 것은 'ESG경영'이다. ESG는 환경(Environmental), 사회(Social), 지배 구조(Governance)의 약어로 기업의 지속 가능성을 평가하는 비재무적 지표다. 이는 회사의 재무재표를 공개하는 수준의 투명경영을 한참 뛰어넘는 개념이다. 이를테면 제품을 생산하는데 어떤 에너지를 사용하여 기후환경에 이바지하고, 사회를 위해서는 어떤 공익활동을 하고 있으며, 이사회와 주주총회의 의사결정과 지배구조는 어떻게 이루어지는가에 대한 전반적인 평가를 외부기관으로부터 받고 이를 공개하지 않으면 제품 수출도 불가능한 시대가 도래됐다.

ESG경영이 기업의 신뢰도에 대한 보증서라면 국가도 지자체의 신뢰도를 평가하는 것은 '열린 행정'을 펼치느냐 그렇지 못하느냐에 달려 있다. 지난해 11월 이재명 대통령은 민선 8기 전국 기초단체장(시장 · 군수 · 구청장) 164명을 청와대 영빈관으로 초청해 국정설명회를 가졌고, 이 자리에서 대통령은 "대한민국 행정의 중심엔 지방정부가 있으며 모든 주민이 만족할 성과를 내달라"고 당부하면서 "행정을 투명하게 해야 한다. 주민들이 맡긴 일을 어떻게 하고 있는지, 세금으로 무엇을 하고 있는지를 많이 보여드리면 좋겠다."고 했다고 한다.

현 정부는 국무회의를 공개하고 있다. 그러니 기초단체장들에게 이렇게 투명한 행정을 펼쳐줄 것을 강조할 자격이 충분한 셈이다.

지자체들의 현실은 어떠한가? 단적인 예로 당장 우리 군부터 들여다보자. 매주 월요일 군수와 실 과장, 면장이 모여 간부회의를 연다. 그런데 군민은 무슨 내용의 회의를 했는지 알 수가 없다. 군 의원들 또한 알 수 없다. '열린 행정'이 아니라 '깜깜이 행정'이라는 소리를 들을 수밖에 없는 게 오늘 우리 군 행정의 자화상이다.

"이건 아니라고 봐."

과거 어느 TV드라마 속에서 유명배우가 자주 사용하여 유머가 된 이 말이 내 입에서도 자연스럽게 나온다. 국무회의 장면과 내용이 전 국민에게 공개되는 현실을 직시한다면 나의 이 한마디 속엔 문제 제기가 내포돼 있는 것이다.

내가 군의 수장이 된다면 우리 군의 간부회의는 실시간 영상으로 공개되는 시스템을 만들고 그때그때 군민 모두가 보고 들을 수 있도록 할 작정이다. 군이 무엇을 고민하고 어떤 계획을 준비하고 있는지 군민이 알아야 한다. 이것은 '군민의 알 권리'다. 초등학생들도 동영상을 만드는 지금은 초고속 초간편 정보화시대다. 간부회의를 영상으로 촬영하여 누구나 동영상으로 접할 수 있게 하는 것은 그야말로 일도 아니다.

자고로 '열린 행정'의 시작은 이것부터 시작돼어야 한다는 게 나의 소신이자 각오다.

넷,

일하는 공직사회를 만들겠다.

군민이 군의 공직사회에 원하는 것은 무엇일까?

중앙 정부에서도 일하는 방식과 조직문화 혁신 방안을 논의하는 등 바람직한 공직사회 조직문화를 위한 개선 논의가 활발한 것으로 알려진다.

시대는 바야흐로 인공지능(AI) 시대다. 업무를 스마트하고 신속하게 처리하고 대국민 행정서비스를 보다 효과적으로 하여 공직사회의 꽃을 피울 수 있기 좋은 시대다.

나는 생각한다. 과거와는 달리 이제는 공직자에게 힘(?)보다는 따뜻한 마음과 성실한 자세가 요구되는 21세기인 만큼 공무원이 공직자로서의 사명감을 갖고 업무에 대처하고, 불합리한 관행은 자발적으로 근절시키고 올바른 정책 결정에 임한다면 이것이야말로 군민이 원하는 바이자 일하는 공직사회의 롤 모델이 아닐까 싶다.

다만 공직사회에 이같은 분위기가 정착되어 군민으로부터 '공무원들이 달라졌다', '공무원들이 열심히 일한다'는 말이 나오게 하려면 세대 · 직급 · 부서 간의 소통 활성화가 우선돼야 할 것이다. 공직 내부의 소통이 잘 이루어져야 행정의 질은 높아지고 처리 속도 또한 한결 빨라질 것이다.

이런 결과를 도출하기 위해서는 먼저 기관의 수장부터 조직 내 소통의 중요성을 깨닫고 '어떻게 소통할 것인가?'에 대해 스스로 답을 찾아야 한다. 군수가 열린 마인드로 조직 내 소통을 활성화시킬 때 최일선에서 일하는 공무원까지 모든 공직 구성원 간 자유로운 소통이 이뤄지면서 그야말로 일하는 조직 문화가 만들어질 것이다.

지금 나는 타고난 유쾌한 성격으로 우리 군의 공무원들과 함께 신선하고 활기찬 소통의 공직사회를 만들 수 있는 날을 준비하고 있는 중이다.

다섯,
구례의 주인은 군민이다.

이재명 대통령은 저서 〈이재명 공직자론〉에서 "공직자의 1시간은 국민 5,200만 시간의 가치가 있다."고 말한다. 공직의 무게를 '파초선'에 비유하며, 공직자의 크고 작은 판단이 국민의 삶을 움직이고 나라의 흥망을 좌우할 수 있다고 강조한다. 국민이 주인인 시대, 공직자는 그 권한의 크기만큼 겸허한 자세를 가져야 한다고 말한다.

우리나라는 지난 1995년 4대 지방선거가 동시에 실시됨으로써 새로운 지방자치시대를 열었다. 30여 년의 역사를 써온 지방자치제는 지방의 행정을 그 지방 주민이 선출한 대표자를 통해 자율적으로 처리하는 제도로 이를 통해 우리는 '국민주권시대', '시민주권시대', '주민주권시대'를 살고 있다.

지방자치시대에는 소수 정치적 엘리트 집단에 의해서 정치 권력이 행사되는 것을 멀리하고, 평범한 국민이 지역 기반의 의사 결정 과정을 거쳐서 지역공동체의 운영과 생활의 변화에 참여하는 민주주의의 주인이 될 수 있도록 해야 한다.

구례군의 주인은 우리 2만 4천여 명의 군민이다. 군수와 군의 공무원이 군의 일을 추진함에 있어서 실패를 두려워하지 않고, 낮은 곳의 목소리에 귀기울이며, 군민을 위해 일하는 것을 최고의 가치로 여길 때 우리 군민은 진정한 구례의 주인이 된다. 이것이 바로 내가 만들고자 하는 구례의 내일이다.

1부

산 따라,
물 따라,
사람 따라
'구례'

청년들은 저마다 다른 꿈을 향해 각자의 미래를 설계한다. 그러니 젊은 날에는 밖에 나가 이뤄야 할 목표가 있다면 더 넓은 세상으로 나가 나래를 펼쳐가는 것이 맞다. 다만 세상사에 지치고 힘들 때는 고향을 생각하고 다시 돌아와도 좋을 것 같다. 사노라면 이 세상에 고향의 품만큼 따뜻한 곳은 없다는 것을 누구나 알게 되니까. 그래서 나는 우리 구례가 고향인 이들에게 감히 말한다.

"젊은 날에도 힘들고 지치면 언제든지 얼마든지 오십시오. 또 현업에서 은퇴한 후 고향의 품과 정이 그리울 때면 누구든지 오십시오. 구례가 여러분을 따뜻하게 안아줄 것입니다. 여러분의 옛 이웃이 있고 친구가 있고 또 함께 웃고 놀던 우리 삼형제도 있으니까요."

– '다시 뭉친 형제들과 함께 만드는 구례' 중에서

걸인에게
쌀 퍼다 주던 아이

내가 예닐곱 살 시절이던 1970년대 중반 그때만 해도 농촌은 당장 하루 세 끼 먹고 사는 일과 자식들 교육비를 마련하느라 힘들었던 가정이 많았던 것 같다. 농사를 짓는다고 해도 쌀이 귀한 시절이었기에 늘 쌀밥만 먹는 집은 드물었다. 그런 가운데 농촌에서는 서서히 혁신과 현대화 바람이 일기 시작했다.

그 시절 나는 종종 아버지와 중장비 기사를 따라서 읍내에서 한참 떨어진 시골마을까지 가곤 했다. 밭 가장자리나 논두렁에 앉아 기계가 움직이는 모습을 지켜보면서 마냥 신기하기만 했다. 기사 삼촌들은 내가 묻는 질문에는 곧잘 대답을 해줬다.

"삼촌 우리 타고 온 차는 덤프트럭이지? 근데 저기 논에서 움직이는 차는 뭐야?"

"그건 '포크레인'이야. 힘이 무척 세지? 흙을 저렇게 많이 밀고 가잖아."

"와! 정말 그렇네. 나도 삼촌처럼 어른 되면 저거 끌고 다닐 거야."

"이 녀석! 너는 공부 열심히 해서 훌륭한 사람 되어 서울 가서 살아야지."

농지 정리가 한창 이루어지고 있었다. 불규칙한 형상의 작은 논 두세 개를 하나의 큰 논으로 만들었다. 어른들 말로는 '합배미'라고 했다. 어떤 날은 시냇물이 흘러가는 하천 바닥에서 큰 돌과 자갈을 퍼 올려 제방을 쌓기도 했다. 어린아이였지만 일찌감치 그 현장을 눈으로 보면서 보고 들은 게 있어서 쌀이 논에서 자라는 벼로부터 나온다는 사실도 알 수 있었다.

우리 집은 농사가 주업은 아니었다. 아버지는 덤프트럭과 포크레인 여러 대를 보유하고 기사를 고용하여 시골 마을을 돌면서 농지 정리와 하천정비 같은 건설업을 했다. 일이 많은 경우 몇 달을 한 마을에서 일하는 적도 있었는데 그럴 때면 어머니도 현장까지 따라가 취사도구를 펼쳐놓고 아버지와 기사들의 식사를 준비해 주곤 하셨다.

1971년 내가 태어난 곳은 구례읍 봉북리 444-8번지. 아래로 두 명의 남동생과 여동생 한 명이 태어나 3남 1녀 형제의 장남이었지만 사업을 하는 아버님 덕에 식구는 많아도 유년 시절은 크게 부족함을 못 느끼고 살았다. 그러니 초등학교 저학년 때까지만 해도 쌀의 소중한 가치 또한 잘 모르고 자란 듯 싶다.

구례읍내 곳곳에서 걸인들을 만나는 일이 흔한 시대였다. 그들 중에는 집집을 돌면서 음식이나 쌀과 보리쌀을 동냥하러 다니는 이들도 적지 않았다. 어머님이 집에 계신 날은 나와 무관한 일로 여겼기에 관심을 두지 않았지만 어쩌다 어머님이 외출을 하셨을 때는 대문 앞에서 동냥하는 소리를 그냥 듣고만 있을 수가 없었다. 우리 가족은 매일같이 쌀밥을 먹었으니 어린 마음에도 구걸을 하는 그들에게 동정심이 생겼던 것 같다.

동생들은 걸인들이 무섭다고 방 안으로 숨어들었지만 낯을 가리지 않는 성격이었던 나는 무섭다는 생각 없이 일단 부엌으로 들어가 쌀독 뚜껑을 열고 바가지에 쌀을 담아 내어주곤 했다. 내 기억으로는 적어도 서너 차례는 그렇게 했던 것 같다.

어린 내게도 일말의 양심이란 것이 있었던 걸까. 어머님께 허락을 받지 않고 쌀을 축냈으니 마음이 마냥 편치만은 않았다. 그런 날 저녁이면 행여라도 어머님이 아실까 눈치를 살피곤 했지만 단 한 번도 쌀이 없어졌다는 얘기는 꺼내지도 않으셨다.

아무 일 없었다는 듯 평소처럼 무탈하게 지나갔다.

과연 어머니가 모르셨을까? 지금 생각해 보면 시대가 시대인지라 뉘 집이라 할 것 없이 쌀독은 어머니들의 가장 귀중한 보물단지였을 터인데 걸인에게 퍼다 준 쌀의 양이 적든 많든 간에 쌀 바가지가 놓인 자리나 항아리 뚜껑의 뒤틀림만으로라도 누군가의 손이 거쳐 갔다는 것을 아시지 않았을까 싶다. 게다가 동생 셋 중 누구 하나는 어머님께 내가 한 짓(?)을 고해바쳤을 터인데 말이다.

어린 시절엔 그야말로 세상 물정 모르고 누구 눈치 보는 일도 없이 그저 나 하고 싶은 대로 자유분방하게 자랐지만 돌이켜 보면 그래도 욕심쟁이보다는 인정머리 있는 녀석으로 성장했던 게 아니었나 하는 생각이 든다. 미루어 짐작하건대 자식들은 물론이고 이웃들도 늘 조용하고 인자한 성품으로 품어주신 어머니의 피를 물려받은 까닭이었으리라.

나 어릴 적
얼음배 타던 구례

환경은 사람을 지배한다고 했던가. 내 고향 구례는 50년 전이나 지금이나 사람의 마음을 붙잡아두는 특별한 매력이 있다.

산업화와 현대화의 빠른 속도만큼이나 지방의 많은 지역이 변화를 거듭하면서 다른 모습으로 바뀌었지만 구례는 아니다. 지리산과 섬진강이 그려놓은 천혜의 자연과 사성암과 화엄사로 대표되는 불교의 역사와 문화 그리고 봄의 전령사 산수유로 대표되는 친환경농업은 예전 그대로의 모습을 간직하고 있다. 읍내의 모습도 도시의 색채로 약간의 덧칠만 되었을 뿐 골목골목

발길 닿는 곳마다 그 옛날 추억과 인정을 불러올 수 있는 예전 그대로의 정경을 간직하고 있다.

그래서일까. 도회지로 나갔다가 다시 고향으로 들어온 이들은 "크게 변한 게 없어서 더 정겨워.", "우리 구례만큼 자연 그대로를 지켜온 아름다운 곳이 또 있을까."라고 말한다. 관광차 들른 이들은 "나 여기 눌러앉고 싶어요."라고 하기도 하고 또 어떤 이들은 SNS에 "하마터면 티벳에 온 줄 알았어요. 이렇게 조용하고 자연 그대로인 곳이 있었네요."라는 방문기를 남겨놓을 정도다.

이곳에서 나고 유치원부터 중학교까지 교육과정을 보냈다. 구례북초등학교 1학년 입학 당시 무려 7반까지 있었을 만큼 아이들이 많았다. 읍내 대로변은 물론이고 골목골목까지 또래끼리 무리를 지어 뛰어다니고 노는 아이들로 넘쳐났다. 등하교 시간이면 초등학생부터 고등학생까지 학생들로 긴 줄이 이어졌다. 어머니를 따라간 읍내 상설시장인 매일시장과 3일과 8일에 열리는 오일장터는 발 디딜 틈 없이 사람들로 북적였다. 시장에 가면 으레 내가 좋아하는 우뭇가사리를 먹을 수 있었는데 그 맛은 지금도 마찬가지로 내가 좋아하는 별미의 간식이다.

섬진강으로 흘러드는 서시천은 사시사철 나의 놀이터였다. 아버지 회사에서 일하는 기사 삼촌들을 따라다니면서 봄, 여름엔 물고기를 잡고 겨울이 되면 얼음을 깨트려서 둥둥배처럼 만든 얼음 배를 타거나 나무에 굵은 철사를 박아 만든 스케이트를 탔다. 배고픔 없이 맘껏 놀았으니 부러울 것 하나 없었던 그 시절 구례는 온통 내 세상만 같았다.

공부는 그저 중간을 조금 넘어 앞으로 가는 정도였다. 일 저지르는 악동은 아니었지만 활달한 성격이어서 뛰어놀기를 좋아했던 만큼 친구들이 많았고 또 좋았다. 잘 부르는 노래는 아니었지만 반 친구들 앞에 나가서 노래하고 춤추는 것을 부끄럽게 여기거나 주저하지 않았다. 그러니 반장은 못했어도 오락부장은 내 차지였을 만큼 늘 밝고 즐겁게 보냈다.

지금도 또렷하게 기억나는 것은 6학년 때의 일이다. 점심을 먹고 오후 수업이 시작되면 60여 명의 아이들 중 절반은 하나 둘씩 눈꺼풀이 내려오는 졸음을 참느라 안간힘을 썼다. 그럴 때면 담임교사였던 백진수 선생님은 나와 친구를 호명했다.

"선상원, 김도완 앞으로 나와. 신나는 노래 좀 불러줄래."

우리 둘은 앞으로 나가 노래하고 춤을 추었고 순간 반 분위기를 왁자지껄하게 만들었다. 아이들은 언제 졸음과 싸웠냐 싶게 손뼉을 치면서 배꼽을 잡고 웃었다. 다시 돌아갈 수 없는 감성 순도 100%의 순수했던 소년기다.

그 시절 학교에서 나의 별명은 '약방의 감초', '떡판', '선 사

또', '변호사' 등등 10여 개는 족히 넘었던 것 같다. 친구가 많고 놀기를 좋아했으니 아이들과의 대화 속에 끼어들지 않으면 이상한 일이었고 의견 다툼이라도 벌어지면 자발적으로 나서서 반드시 중재를 하는 나만의 오지랖 넓은 역할이 있었다.

거칠 것 없이 마냥 해맑기만 했던 이 모든 유년의 아름답고 풋풋한 추억들은 구례가 품고 있는 자연의 정기를 맘껏 받았기 때문이 아니었겠는가.

언젠가 초등학교 친구로부터 연락이 왔다. 이런저런 대화를 주고받다가 친구는 내가 차기 군수 선거에 나가겠다는 소식을 들었단다. 그리고는 그야말로 한바탕 큰소리로 웃지 않을 수 없는 한마디를 던졌다. 50여 년이 지난 그 시절의 내 별명을 소환한 것이다.

"선 사또! 너 이제 진짜 구례 사또가 되는 거야?"

우정으로 깨우친 신의(神意)

구례중학교를 졸업한 후 나는 조선대학교부속고등학교에 입학했다. 멀리 광주까지 간 데는 장남의 앞길을 훤히 열어주고 싶어 나름 더 큰 곳에서 세상을 만나라는 부모님의 특별한 배려였다.

대도시로 유학을 갔으니 고향의 친구 중 누군가는 나를 부러워했을지도 모를 일이다. 하지만 하숙을 하거나 기숙사 생활을 한 게 아니었기에 마냥 편하게 학교를 다닌 것은 아니었다. 마침 광주에는 대학을 졸업하고 취업 준비를 하던 미혼인 외삼촌이 있었기에 함께 작은 고시원 방에서 생활하면서 식사는 고시원 앞 지정 식당에서 해결했다. 점심 또한 식당에서 돈을 내고 미리 받은 쿠폰으로 도시락을 챙겨 가는 식이었다.

16년 동안 우리집 앞마당인 양 맘껏 누리고 살았던 구례 읍내와 친구들, 그리고 부모님과 떨어져 낯선 대도시에서의 녹록잖은 생활이 시작됐지만 새로운 환경에 주눅이 들거나 외로워할 틈은 없었다. 타고난 성격이 외향적이어서 누구와도 잘 어울리는 기질이었기에 학교에서도 처음 만난 또래 친구들과 쉽게 잘 어울렸고 시간이 흐를수록 가깝게 지내는 친구들이 늘어만 갔다.

1학년 2학기 들어 나는 친구 한 명과 함께 주도하여 열 명의 친구를 모아 모임을 만들었다. 이름은 '청솔회'였다. 그 무렵 고등학생들 사이에서는 같은 학년 중 성향이나 기질이 비슷한 친구들끼리 모임을 만들어 함께 어울리는 문화가 흔했다. 동아리 활동은 아니었고 그렇다고 특별한 의도나 거창한 목적을 가진 것도 아니었다.

우리 또한 그랬다. 다만 2학년이 되면 이과반 문과반으로 나뉘게 되므로 신입생 시절 친했던 친구들끼리 오랫동안 우정을 이어가자는 생각에서다.

더러는 음주 흡연은 물론이고 주먹 좀 쓴다고 하는 불량한 성향의 고교생들이 끼리끼리 뭉쳐 타지역 학생들과 만나 세력을 과시하고자 패싸움까지 하는 모임도 있었다. 우리는 그런 아이들의 모임과는 거리가 멀었다. 멤버들이 오로지 공부만 파고드는 공부벌레 정도는 아니었지만 누구라고 할 것 없이 나름 저마다 학교 공부도 그럭저럭 잘하면서 우정 또한 돈독히 쌓아가던 친구들이었다.

뜻하지 않은 위기가 찾아온 것은 1학년 말 겨울이었다. 12월 아버지 사업이 부도가 나면서 집안에 경제적 문제가 시작되면서부터였다. 어머님께서도 자세한 내막을 자식들에게 알려주지 않으니 구체적인 사유야 알 수 없었지만 내 느낌으로는 그랬다.

아니나 다를까. 매월 받는 식비가 줄어들었다. 고시원 식당에서 미리 현금을 주고 쿠폰을 구입해야 하는데 아침 저녁 하루 두 끼를 먹을 금액도 빠듯했다. 그러니 도시락을 싸가거나 학교 매점에서 도시락 대용으로 간식을 사 먹을 여유도 없었다. 통닭 두 마리도 한 끼에 먹어 치우는 한창 식욕이 왕성한 열일곱 살이었다. 자율학습까지 해야 하기에 도시락 두 개를 싸가던 때였는데 2교시가 끝나면 아이들은 도시락 하나를 쉬는 시간에 순식간에 비우고 나머지 하나는 점심시간에 비웠다. 나에게는 그런 도시락이 하나도 없었으니 난감하기 짝이 없었다. 어쩌다 친구들 도시락을 얻어 먹는 것도 한두 번 아니겠는가. 언제까지 그럴 수는 없었다. 배고픔보다 더 참기 힘든 것은 아이들이 도시락을 먹을 때 풍기는 밥 냄새, 반찬 냄새였다. 그러니 슬그머니 교실 밖으로 나가 물로 허기를 채우고 다시 들어가곤 했다.

친한 친구에게도 내가 처한 상황을 말하지 않았다. 자존심이라기보다는 남에게 조금도 피해를 주기 싫어하는 기질 때문이었는지도 모른다. 두어 달을 그렇게 보내던 어느 날 2교시가 끝났을 때 나의 인내가 한계에 달했다. 식당 쿠폰마저 바닥이나 이틀 하고도 두 끼를 굶었더니 몸이 붕붕 뜨는 느낌이었다. 학급일지 작성을 담당했기에 담임선생님과는 소통이 나름 빠르게 잘되는 사이였다. 무작정 교무실로 가서 선생님께 말씀드렸다.

"선생님 저 휴학하고 1년 후 다시 오겠습니다."
"응? 그게 무슨 말이지? 갑지 왜 휴학?"
"제가 배가 고파서 더는 학교를 못 다니겠습니다."

교실로 들어가 가방을 챙겨 나왔다. 정문 밖으로 나가려는 순간 "상원아! 야!" 하며 누군가가 다급하게 달려오면서 부르는 소리가 들렸다. 청솔회 친구였다. 선생님이 친구들을 시켜 데리고 오라고 하셨던 것. 만일 그날 달려나와 나를 붙잡는 친구가 없었더라면 학교를 그만두고 밥이라도 먹여줄 수 있는 공장을 찾아갔을지도 모를 일이며 그러다 보면 결국 학교와는 영영 이별을 했을지도 모를 일이다.

역시 우정의 위력은 대단했다. 나를 뺀 나머지 아홉 명의 친구들은 돌아가면서 매일같이 도시락을 한 개씩 더 싸 와서 내게 건네줬다. 아마도 일 년을 그렇게 내 도시락을 챙겼던 것 같다.

그 덕에 위기의 순간을 넘길 수 있었다. 힘들어도 용기를 잃지 않게 도와주신 선생님의 응원과 위로도 큰 힘이 되었다. 내가 어려운 환경 속에서도 학급 일에 최선을 다하고 교우 관계가 좋다는 것을 부각시켜 학년 말에 선행상까지 주셨다. 그제야 광주로 갈 때 아버지가 당부했던 말씀이 떠올랐다.

"친구를 사귈 때 신의를 잃지 말아야 한다. 무엇보다 작은 일일지라도 약속을 잘 지켜야 한단다. 그래야 우정도 오래가고 주변에 좋은 사람들이 생기는 법이란다. 사업도 마찬가지다. 어쩌다 망할 수도 있지만 신의가 있는 사람은 다시 일어서거든."

아버지의 말씀은 사실이었다. 친구와의 믿음과 의리는 결국 내가 학교를 그만두는 일 없이 공부를 지속할 수 있게 했고 아버지 또한 당시엔 사업이 극한 상황까지 치달았지만 곧 다시 일어섰으니까.

우리들의 모임 '청솔회'는 지금까지도 변함없이 이어지고 있다. 푸른 소나무처럼. 지난 20여 년 고향에서 이런저런 사업을 해오는 동안 그 옛날 아버지가 깨우쳐주신 신의(神意)는 여전히 내 삶의 신조가 되었고 빛을 발했다.

가업을 위한 이유있는 귀향

목표는 세우되 설령 방향이 달라지더라도 도전 정신을 잃지 않는다면 또 다른 결실을 얻을 수 있다는 것을 알게 된 것은 20대 후반이었다.

조선이공대학교 토목과를 졸업한 후 군대를 다녀와서 취준생의 시간을 가졌다. 먼저 토목기사 자격증을 취득하여 일단 공무원이 되거나 아버지의 대를 이어 토목사업에 뛰어들 작정이었다. 광주의 학원에서 시작한 자격증 공부는 학창시절 전공 분야이었기에 그리 어렵지 않았다. 계획한 대로 1년 만에 자격증을 취득한 후 공무원 시험 준비를 이어가면서 학원 사무장 일을 병행했다.

그때 내 나이 스물여섯이었고 뭐든지 마음만 먹으면 못할 것도 못 이룰 것도 없다는 의욕과 열정이 넘쳐나던 시기다. 하지만 그 도전도 예견치 못한 갑자기 불어닥친 세파 앞에서는 흔들릴 수밖에 없었다. 1997년 11월 대한민국을 위기로 몰아붙이는 IMF 사태가 발생했다. 국가는 외환 부도 상태고 대기업은 해체되고 실직자가 거리로 쏟아져나오기 시작했다. 그로 인해 공무원 채용시험 일정도 오리무중이었다.

우연의 일치였다. 이듬해 초 아버지로부터 연락을 받았다. 화엄사 입구에 있는 호텔로 내려와 당신의 일을 돕는 게 좋지 않겠냐고. 당시 아버지는 지인으로부터 사업이 부도가 나서 호텔을 관리할 수가 없는 상황이어서 대신 관리를 해달라는 부탁을 받았던 터였다. 그리고 2년 후에는 경매를 받게 됐다.

고등학교 때 한차례 크게 무너졌던 아버지의 사업이 다시 일어서는 데는 많은 시간이 걸렸고 그때 역시 사업 여력이 넉넉한 처지는 아니었기에 당신으로서는 그야말로 '재기냐? 아니면 끝이냐?' 하는 중대 기로였다. 마음을 돌려 귀향을 선택했다. 어차피 다시 돌아갈 고향이니 단지 조금 일찍 귀향한다는 심경으로 구례행 버스에 몸을 실었다.

화엄사 입구 숙박 음식 상가단지는 이전의 화려한 날들이 아니었다. 다방만도 네 곳이나 되었을 만큼 번성기를 구가했던 곳이었지만 외환위기 여파로 업소들이 하나둘씩 문을 닫고 상가는 고전을 면치 못하는 중이었다. 국가 경제가 무너지면서 서민경제 또한 바닥을 치고 있었으니 누가 관광버스 타고 여행을 오겠는가. 그러니 우리가 운영하게 된 월등파크호텔도 찾아오는 손님은 가뭄의 콩 나듯 했다. 그마저도 당시 청소나 식당 잔일을 하는 직원 1인 일당이 2만 5천 원이었으니 직원들 인건비 주고 나면 남는 게 없었다. 1년 정도 그런 날들을 보냈고 그 난국을 어떻게 헤쳐나가야 할지 참으로 고민스러웠다.

고객이 제 발로 걸어서 찾아줄 때까지 마냥 기다릴 수는 없는 일 아닌가. 방법은 하나밖에 없었다. 명함을 들고 서울로 올라가 그 시절 관광 모객 유치 1번지로 불리며 대형 여행사들이 밀집돼 있던 서울 종로2가로 찾아갔다. 여행사 사무실을 돌면서 우리 호텔에서는 직접 재배한 신선한 야채로 식단을 마련하고 있으니 패키지상품의 숙소로 넣어 패키지플랜을 짜달라고 부탁했다. 여행사 담당자들은 나를 보면서 반신반의했다. 20대 젊은 청년이 그것도 지방에서 직접 올라와 영업을 하고 있으니 다소 생경하다는 눈치였다. 나로서는 오로지 여행객 유치만이 살길이라는 각오였기에 한 달이 멀다 하고 올라가고 또 올라갔다.

지성이면 감천이라더니 여행사 한두 곳에서 한려수도 2박3일 패키지 여행(서울에서 출발 – 남원 광한루점심 – 성삼제 – 구례 화엄사

– 월등파크호텔) 코스 중 하루는 우리 호텔에서 머물 수 있도록 상품을 기획하여 여행객을 보냈다. 실제로 어머니와 나는 호텔 앞 유휴농경지에 온갖 야채를 키우고 그것을 식재료로 사용하고 있었던 터였기에 다녀간 여행객의 입을 통해 음식이 맛있고 재료가 신선하다는 소문이 번져 나가기 시작했다. 게다가 금 모으기 운동에 이어 인터넷 벤처 창업 붐이 일고 실물경제가 조금씩 안정을 되찾아가면서 단체관광객 버스들도 늘어나기 시작했다.

새천년이 다가온 2천년도를 맞이할 즈음엔 매일같이 관광버스 두세 대가 우리 호텔로 들어왔다. 서울 여행사에서 2박 3일 상품 고객을 실은 관광버스 4대가 출발하면 A팀 B팀으로 나뉘어 두 대는 먼저 한려수도 거제도로 내려갔다가 부곡하와이 온천에서 숙박을 하고 이튿날 구례로 오고 다른 한 팀의 버스 두 대는 남원 광한루를 거쳐 바로 구례로 오는 식이었다.

하루가 어떻게 가는지 모르게 바빴다. 인건비를 줄이기 위해서는 내가 세 사람 몫을 해야 했다. 전날 저녁에 들어온 숙박객들이 아침 식사를 마치고 떠나면 늦은 식당 정리를 하고 아침을 먹은 후 33개의 객실 청소와 용품 비치 등을 마치는데 네댓 시간이 걸렸다. 그리고 다시 오후 세 시가 되면 점심을 먹은 후 잠시 쉬었다 어머님과 함께 식재료 준비하다 보면 어느새 저녁이 되어 버스를 타고 들어오는 숙박객을 맞이해야 하는 고된 일과였다. 차로 5분이면 읍내에 나가 친구나 선후배들을 만나 소주

한 잔 마실 수도 있었지만 그마저도 내겐 사치였고 무엇보다 그럴만한 시간적 여유가 없었다.

몸은 고되었지만 호텔 운영 성적은 눈에 띄게 좋아졌다. 2천년대 들어 7년 동안은 매해 100%씩 성장하기 시작하면서 호황을 구가했다. 아버지의 사업도 집안 경제도 좋았던 예전처럼 다시 탄탄한 뿌리를 내리기 시작했다.

20대 후반에 내가 호텔에서 일할 줄은 그야말로 꿈에도 생각하지 못한 일이었지만 몇 년 새에 관광과 호텔사업에 대해 눈을 뜨다 보니 세상을 바라보는 시각이나 삶에 있어서 청년에서 어른으로 한 뼘 더 성장해 가고 있음을 느꼈다.

30대에 아이 넷, 가장이 되다

일도 인연도 앞날은 감히 예측불허다. 살다 보면 알게 모르게 자연스럽게 깨닫게 되는 것이 인생인 것 같다. 구례로 들어온 후로 초기에는 호텔을 일으켜 세우느라 힘든 날들도 있었지만 비 온 뒤 햇살이 나오고 땅은 굳어진다는 말이 내게는 딱 맞아떨어졌다. 어느새 4남매의 아이들이 20대 청년들로 성장해 있는 모습을 보노라면 마음만은 부자가 된 기분이다.

1999년 우연한 날 아내(곽현자)를 만난 것은 하늘이 내려준 기회인 양 우리 두 사람에겐 소중한 인연으로 이어졌다. 지인(지금의 처형)을 통해 알게 된 곡성에 거주하는 처형의 소개가 그 끈이 됐다. 아내는 매사에 진지하고 차분하면서 상대를 편안하게 해주는 사람이었다. 그 매력에 빠져들어 만난 지 5개월 만에 프로포즈를 하고 이듬해 백년가약과 함께 결혼식을 올렸다.

예나 지금이나 아내는 크든 작든 매사에 내가 선택한 결정과 추진력을 믿어주고 응원하는 사람이다. 나서서 행동하기보다는 소리 없이 그림자처럼 뒤에서 의지와 열정에 힘을 보탠다. 무엇보다도 결혼 당시엔 광주에서 공무원으로 재직 중이었기에 내가 부모님과 함께 살고 있는 구례와는 근무 여건상 애로점이 컸음에도 불구하고 내 손을 잡아주었다.

처음 1년 반 우리는 주말부부로 지내다가 다행히도 아내가 구례로 오게 되긴 했지만 장남인 내가 일하는 호텔 주차장 입구에 있는 반지하 방에서 생활하기 시작했다.

2000년 첫 아들이 태어났다. 지하 공기가 나쁘기에 건강을 생각해서 1층 객실에서 1년을 보낸 후 둘째 아들이 태어났다. 아이 하나만 낳아 잘 키우고자 하는 시류가 지배적이었으니 셋째에 대한 생각은 없었다.

어찌된 일일까. 나로서는 고만고만한 사남매가 올망졸망 함께 크던 옛 시절이 그리워서였는지 아니면 예쁜 딸 하나 갖고 싶은 욕심 때문이었는지 셋째를 품게 되었다. 놀라운 일이 벌어졌다. 2004년 예상치 못한 딸 쌍둥이가 태어났다. 30대 초반에 아이 넷을 둔 가장이 된 것이다.

2층 객실 두 개를 사용하여 4명의 아이 넷을 키우며 13년을 지냈다. 아내는 시부모님, 막내 동생가족과 함께 대가를 이루고 나름 맏며느리 역할을 묵묵히 했다. 그러니 누군가 마누라 자랑하는 팔불출(?)이라고 흉을 본다 해도 이 책을 빌려 그의 넉넉한 인성과 네 아이 엄마로서의 삶에 고마움과 갈채를 보내지 않을 수 없다.

읍으로 학교를 다니는 아이들의 통학편의를 위해 읍으로 이사를 나오게 됐다.

그 시절엔 물론이고 요즘도 만나는 사람마다 앞세우는 말이 있다.

"애들이 넷이라구요? 쉽지 않은 일인데 어떻게 키웠어요? 진정한 애국자입니다."

뜻하지 않은 '애국자'라는 소리까지 듣게 된 큰 기쁨은 그만큼의 대가도 요구했다. 책임감과 가장의 무게가 컸던 것이 사실이고 아내 또한 직장인이자 아이 넷의 엄마로 살면서 시간도 마음도 결코 홋홋할 수 없는 젊은 날을 보내야 했다.

아이들을 키우면서 그래도 이건 참 잘했다 싶은 것이 있다면 물고기를 잡아주기보다는 잡는 법을 가르쳐주는 경제 관념을 심어주며 자율성을 부여해 준 것이 아닌가 싶다. 초등학생이 되면 그때부터는 독서, 청소, 독후감, 심부름 등등 항목을 정해놓고 그것을 실천할 때마다 정해놓은 금액을 용돈으로 주는 방식을 택했다. 옷도 새 옷 사지 않고 형이나 언니 옷을 물려 입으면 적정금액을 각자의 통장에 넣어주었다.

아이들은 누구 한 사람 어깃장 놓는 법 없이 부모의 말을 잘 따라주었다. 이런 생활습관이 자율성으로 이어져 우리 부부는 진로든 다른 목표든 아이들에게 먼저 무얼 어떻게 하라는 말은 하지 않았다. 스스로 먼저 선택하고 결정하도록 했고 후에 실수나 오판으로 인한 결과가 발생하면 그때 함께 논의하고 해결의 실마리를 풀어가는 식이다. 아이에서 성년으로, 청년에서 어른으로 성장하는 과정에서의 실수는 경험이고 그마저도 각자 인생의 자산이 될 거라는 믿음이 강하다.

그래서일까. 사남매는 20대 청년이 되어 저마다의 목표를 향해 각자의 길을 걸어가기 위한 준비 선상에 있다. 넷 다 대학생이다. 다만 경영학, 의학, 통계학, 농수산학 등등 각자의 뜻과 개성에 따라 다 다르다. 한 집안에 대학생에 넷이라고 하면 다들 감당해야 할 경제적 버거움을 생각해서인지 입을 떡 벌리지만 그나마 다행스러운 일은 서로 다른 학교이지만 모두가 국립대학교에 재학 중이어서 우리 부부의 어깨에 올려진 무게감이 조금은 덜하니 이마저도 감사할 따름이다.

이제와 생각하면 아이들 교육에 관한 한 아내의 조언이 옳았다는 것 한 가지가 있다. 구례읍내엔 고등학교가 두 곳뿐이다 보니 어느 가정이든 부모도 아이들도 중학교 3학년쯤 되면 나름 고민의 시간을 갖지 않을 수가 없다. 아내는 말했다.

"대학교에 들어가면 어차피 각자의 삶을 찾아 우리 곁을 떠나지 않을까요. 그전까지만이라도 아이들과 함께 지내는 게, 우리 가족 함께 지내는 게 행복이라 생각하네요. 게다가 요즘 같은 농촌인구 소멸시대에 우리 애들 넷은 구례를 위해서라도 구례에서서 고등학교를 다니는 게 낫지 않겠소?"

그랬다. 결정은 아이들 각자의 몫이었지만 다행이도 모두가 구례고등학교를 졸업했다. 자식들이 군 의원인 아버지 면목까지 세워준 것 같아서 나름 뿌듯한 게 사실이다.

'함께'의 가치를 심은 상가번영회

구례사람으로 살아온 내 54년의 삶에서 마산면 황전리(화엄사로)에서 지낸 16년은 그야말로 내 젊은 날을 고스란히 새겨놓은 시간이 아니었나 싶다. 20대 후반부터 40대 초반까지 네 아이를 낳아 키우고 상가번영회원들과 함께 힘을 합쳐 상권을 다시 일으켜 세우느라 땀도 흘리고 웃음도 터트리던 날들이 내 기억 속의 수많은 사진으로 남아 있기 때문이다.

아무리 잘난 사람도 혼자서는 살아갈 수 없듯이 사업도 마찬가지다. 설령 같은 업종이라고 할지라도 '함께'라는 가치 하에

같은 길을 걸어야만 공존공생의 아름다운 동행이 될 수 있다. 2천 년 전후로 월등파크호텔을 일으키던 시절 화엄사 입구 우리 상가번영회원들 또한 누구라고 할 것 없이 고전의 시기를 겪으면서 새로운 번성기를 이끌어 냈다.

회원 중에서도 막내나 다름없었던 나는 총무를 맡아 상가 활성화를 위한 활동에 참여했다. 상가 입구에 화분을 진열하고 도로에 화단을 가꾸고자 꽃을 심었다. 만나면 저마다 힘들거나 속상한 사연들을 토로하며 서로를 위로하고 또 위로받으며 동고동락하는 시절을 보냈다. 구례군 홍보와 황전리 상권 활성화를 위해 '주부가요대회'를 처음으로 주최한 것도 우리가 단결의 힘으로 피운 꽃이었다. 무려 16년의 세월을 함께했으니 그때의 이웃들을 만나면 지금도 옛 이야기 속으로 빠져들곤 한다.

'지리산 생태탐방원 유치'는 참으로 사연도 많았던 우리들의 소중한 결실이었다. 2013년 국립공원관리공단으로부터 지리산 생태탐방원 조성 계획이 발표되자 상가회원들을 중심으로 생태탐방원 유치 추진위원회가 발족했다.

이때 동참한 회원들의 권유에 의해 자의반 타의반으로 추진위원장이 됐다. 생태탐방원은 지리산 생태체험 프로그램과 숙박서비스를 함께 운영하는 시설이다. 국립공단이 운영하는 시설이기에 숙박비용은 일반 숙박시설에 비해 저렴할 수밖에 없다. 그러니 숙박업소들로서는 난색을 표할 수도 있는 일이었다.

내 생각은 달랐다. 숙박업소 입장만 생각할 게 아니라 상가 전체를 보고 장기적인 비전을 고려해야 하기에 유치에 적극 찬성한다는 입장이었다.

생태탐방원은 일반인 생태체험단만 이용하는 게 아니라 국립공원공단 직원 연수교육도 실시하므로 그들이 머무르는 동안 식사 한 끼, 커피 한잔을 마시더라도 우리 지역 상권 활성화에 도움이 되기 마련이다.

누군가는 추진위원장으로 유치에 발 벗고 나선 나를 보고 의아해하면서 안타깝다는 식으로 말을 흘렸다.

"자네는 숙박업을 하기에 되레 피해가 올 텐데…,"

"글쎄요. 제 생각은 다릅니다. 내가 살려면 먼저 주변 상인들이 잘 돼야 저도 살아남는 게 아닌가요? 반드시 유치해야만 여러모로 긍정적인 파급 효과가 나타날 겁니다."

생각은 다 제각각이므로 같은 지역민일지라도 의견이 분분했다. 그러다 보니 일부 반대하는 측에서 서명을 받는 일까지 벌어졌다.

하지만 상가가 밀집된 황전리 일대 주민들은 찬성하는 이들이 더 많았기에 우리 추진위에서도 찬성 서명을 받기에 이르렀다. 그러자 반대하는 쪽에서는 마산면 황전리 주민들도 아닌 타 지역 주민 서명까지 받아왔다.

사실 한 지역의 주민들이 둘로 나뉘어 세력 다툼을 벌이는 일은 제3자가 봐도 못난 짓이 아닌가. 여러모로 마음이 불편할 수밖에 없었다. 결국에는 대토론회를 열었다. 환경부, 마산면 동네 이장들, 찬성측, 반대 측 4자가 한자리에 모였고 각자의 의견을 밝혔다. 그 후 최종 결과는 기대했던 '지리산 생태탐방원 유치'로 마무리됐다.

오래전 일이지만 지금도 당시 찬반이 엇갈리며 시끄러웠던 상황이 눈에 선하다. 마산면 화엄사로 402-25에 자리한 지리산생태탐방원은 이제는 외지인들에게 힐링하기 좋은 곳으로 소문이 나면서 인터넷에서 검색을 하면 주변 맛집과 광광 명소까지 한눈에 나타난다. 유치활동 당시 내가 강조했던 관내 음식점과 명소들로의 파급 효과가 입증된 셈이다.

이뿐만이 아니다. 올해의 경우 전남도교육청 소속 9개 고등학교에서 선발된 학생 14명과 합숙형 고교학점제 과목을 운영했다고 한다. 기후변화 · 탄소중립 · 지속가능한 발전이 화두인 시대다.

앞으로 환경 이론교육과 함께 멸종위기종 복원 사업 현장 체험, 환경보호 실천 방안 토의 등 실습 중심의 특화 교육과정을 운영한다고 하니 나에겐 너무도 뿌듯함으로 다가오는 소식들이다. 그때 유치하길 참 잘했다는 생각뿐이다. 기후환경과 자연을 생각하더라도, 또 앞으로의 구례를 위해서라도 꼭 필요한 일이었으니까.

다시 뭉친 형제들과 함께 만드는 구례

"3형제가 다 구례에 산다구요?"

"그러지라. 하루 열두 번씩 통화를 혀요. 집안에 급한 일 생기면 시간 되는 사람이 먼저 달려가서 해결하고…,"

"요즘 시대 형제들 모두 고향에 남아 있기 힘든데…,"

"맞는 말이지라. 나는 동생들이 있으니 든든허지요."

다들 놀라워한다. 아들 삼형제 모두 구례에 살고 있다고 하면. 장남인 나는 아버님이 호텔을 운영하게 되면서 일을 돕고자 자의반 타의반 일찌감치 들어왔지만 동생들이 고향에 들어온 것은 순전히 각자의 선택이었다. 곰곰이 생각해 보면 우리 형제들은 10대 시절 아버님의 사업이 내리막길을 걸을 때 이미 무언의 약속하에 우애가 더 단단해진 게 아닌가 싶다.

바로 밑의 동생은 집안 경제가 어려웠던 시기였던 만큼 일찌감치 대학을 포기하고 광주 상고에 진학했고 졸업 후엔 직접 중장비를 배워서 아버지 사업을 도우며 지금까지 그 자리를 지키고 있다. 셋째는 축구 선수였기에 부산 기장고를 졸업한 후 강릉시청 실업팀에 입단하여 선수 생활을 이어오다가 귀향하여 호텔 일을 돕다가 지금은 구례 군청에 재직 중이다. 결혼 후에도 한동안 맏이인 우리 가족과 함께 부모님을 모시고 대가족으로 살았건만 이렇다 할 잡음 한번 나온 적이 없었다. 단 막내 여동생만 중국 하남성에서 하남성 사범대학교 정치외교학과 교수로 재직 중이어서 함께 못하는 아쉬움은 있지만 스스로 자신의 길을 잘 개척해 나가고 있으니 응원만 보낼 뿐이다.

내심 동생들에게 고마울 따름이다. 아버님이 젊은 시절부터 자립으로 사업을 일군 자수성가라는 것을 모두가 알기에 부모님의 노고에 감사하는 마음이 큰 것 같다. 그래서인지 누구 한 사람 어긋나거나 형제간 다투는 일 없이 지금까지 무탈하게 지내며 우애를 쌓아온 터다.

두 동생도 어느새 50대가 되었건만 변함없이 매사에 각자 자기 길을 가면서도 집안 일이라면 1순위로 여기고 발 벗고 나서준다. 정말 다행스러운 일이 아닐 수 없다. 그럴수록 만형일지라도 그들의 생각과 뜻을 진심으로 존중하여 말 한마디 함부로 하지 않는 입장이기도 하다.

삼형제가 고향에 함께 살고 있는 것을 가장 반기는 분은 역시 부모님이다. 아버님은 내심 흐뭇해하고 계신다는 것을 잘 안다. 다만 당신 속내를 있는 그대로 표현하는 어머니는 종종 말씀하신다.

"어떤 이들은 아들이 외지에 나가 있으니 1년에 한두 번 보기도 힘들다고 한다만 우리는 아들 셋을 맘만 먹으면 날마다 볼 수 있으니 이것이 행복 아니고 또 뭐가 행복이겄냐. 그러니 엄마는 느그들만 보면 밥 안 먹어도 배가 부르당께."

이럴 때면 '효도가 따로 있나 고향 땅에 함께 있다는 것만으로도 그게 효도가 되는구나' 싶어 가슴 뿌듯한 게 사실이다.

청년들은 저마다 다른 꿈을 향해 각자의 미래를 설계한다. 그러니 젊은 날에는 밖에 나가 이뤄야 할 목표가 있다면 더 넓은 세상으로 나가 나래를 펼쳐가는 것이 맞다. 다만 세상사에 지치고 힘들 때는 고향을 생각하고 다시 돌아와도 좋을 것 같다. 사노라면 이 세상에 고향의 품만큼 따뜻한 곳이 없다는 것을 누구나 알게 되니까. 그래서 나는 우리 구례가 고향인 이들에게 감히 말한다.

“젊은 날에도 힘들고 지치면 언제든지 얼마든지 오십시오. 또 현업에서 은퇴한 후 고향의 품과 정이 그리울 때면 누구든지 오십시오. 구례가 여러분을 따뜻하게 안아줄 것입니다. 여러분의 옛 이웃이 있고 친구가 있고 또 함께 웃고 놀던 우리 삼형제도 있으니까요.”

지역사회 현안에 주목하다

네 아이가 무럭무럭 자라서 모두가 초등학교에 다니고 있었다. 2013년 큰아이가 중학교에 들어가게 되면서 어쩔 수 없이 우리 여섯 식구는 읍내로 이사를 하게 됐다. 호텔이 자리한 황전리는 학교와는 거리가 있어서 그간 직장에 다니면서 아이들 등하교까지 도맡아 하던 아내의 짐이 가뜩이나 더 무거워졌기 때문이다.

아이들의 등하교 시간도 다르고 학교와 학원 동선도 달라졌다. 게다가 어린이 놀이터나 도서관도 가까이 없는 상가마을에서 자란 아이들에게 더 넓은 공간에서 친구들과 관계의 힘도 기르고 뛰어놀 수 있는 환경을 만들어주기 위해서라도 읍네로의 이사는 반드시 필요한 결정이었다.

나에게도 환경의 변화가 일어났다. 그때까지만 해도 생활반경이 호텔 업무와 상가번영회 회원들과의 친목, 화합 속에만 머물러 있던 것과는 달리 친구나 지인들이 부지기수인 읍내에서 생활하다 보니 만나야 하는 이들도 많아졌다. 그런 가운데 자연스럽게 지역사회 봉사활동인 바르게 살기운동 협의회에 동참하게 됐다.

진실, 질서, 화합을 3대 이념으로 정직한 개인, 더불어 사는 사회, 건강한 국가 만들기에 솔선수범하는 단체이다 보니 우리 구례군이 안고 있는 지역사회 현안 과제들이 하나둘씩 눈에 들어왔다.

이미 상가번영회장 활동시 군청 관광과를 자주 출입하면서 지역사회에 대한 관심이 깊어졌던 터였기에 바르게 살기운동 동참은 나로 하여금 어떤 역할이든지 지역 발전을 위해 보다 적극적으로 할 수 있는 일을 담당해야겠다는 의욕을 부채질했다. 누군가가 나서서 추진하면 얼마든지 좋은 결과를 얻을 수 있는 일인데도 그 일을 나서서 추진하는 이들은 소수였다. 그러니 한편으로 답답함을 느낄 때도 적지 않았다.

그 해는 제6회 동시 지방선거(2014년)가 있기 바로 전 해였다.

마침 선배 한 분이 내게 말했다. “아직 젊으니 구례를 위해 더 큰 봉사를 좀 하면 좋지 않겠는가?”라고. 그때 나이 마흔셋이었으니 무서울 것이 없는 때였다. 도전 의욕이 뜨거워졌고 “누군가는 해야 할 일이라면 내가 한번 해보자.”는 결정에 이르렀다. 이것이 바로 내가 군 의원에 도전장을 낸 계기였다.

다만 선거에 나가려면 기존 활동을 접어야 한다는 사실을 알고 어쩔 수 없이 바르게 살기운동 회원 활동은 1년을 채 못하고 내려놓아야 했다. 가장 큰 과제는 아내를 설득시키는 일이었다. 당시 군청 공무원이었던 아내로서는 자신의 입장을 생각할 때 내가 군 의원에 나가는 것이 그다지 달가운 일이 아니었을 터이다. 게다가 아이들이 넷이나 되는데 돈 버는 일(?)이 아닌 많은 시간을 쏟아야 하는 봉사직이나 다름없는 남편의 군 의원 도전을 기다렸다는 듯 반겨줄 리 만무했다.

아니나 다를까. 말을 꺼내자마자 확고하게 반대 의사를 드러냈다.

“가정을 꾸렸으면 가정에 충실해야 하는 거 아닌가요? 고만고만한 아이들이 넷이라요. 앞으로 저 애들 키우고 공부 가르치려면 우리 둘이 정신없이 일하며 살아도 벅찰 것인디…,”

맞는 말이었다. 제3자가 봐도 그랬을 것이다. 모아놓은 재산이 있고 나이도 좀 들어 시간적 여유도 있어서 봉사하는 마음으로 한다면 몰라도 이제 40대 초반인데 정치에 뛰어든다니 환영보다는 걱정이 컸을 터였다. 그럼에도 불구하고 내 생각은 또 달랐다. 젊으니까 도전도 할 수 있는 것이고 지역 발전을 위한 봉사와 희생을 하더라도 젊기에 더 열심히 잘 할 수 있겠다는 생각뿐이었다.

부부간의 대화가 줄어들고 한동안 집안에는 냉기가 돌았다. 아내가 반대를 한다고 해서 밖에서 술 마시고 늦게 들어가거나 집에서 언쟁을 벌이는 일은 없었다. 일이 끝나면 집에 들어가 저녁을 먹으면서 반주로 술을 마셨고 출마 얘기는 더이상 하지 않았다. 이런 나의 모습이 2주 가까이 지속되자 지켜보던 아내가 드디어 말했다.

"나는 공직자이고 애들 넷 챙겨야 하는 엄마이니 당신이 가는 길을 도와줄 여력은 없네요. 당신이 옳은 길이라고 생각한다면, 또 훗날 후회하지 않을 일이라면 하시오. 나는 마음속으로만 응원할라요."

부부는 인생을 함께 걷는 동반자다. 15년을 함께 살아온 터이니 뭐든지 마음먹으면 반드시 해내고 마는 집념과 추진력이 강하다는 것을 익히 알고 있었으리라. 배우자가 박수쳐주지 않는 길을 가는 것은 가정불화의 시발점이 될 수밖에 없다. 다행히도 아내가 손을 들어 주었으니 고맙고 또 힘이 났다.

2부

최연소 군 의원, 달라지는 구례

"군의원으로서 내가 찾은 해법은 두 가지였다. 하나는 군민들의 현실을 보다 가까이서 깊숙이 통찰하고 어떤 문제가 불거지기 전에 군민들의 가려운 부분을 찾아내서 긁어주고 최선책을 찾아보는 유연성을 발휘하는 것이다.
또 한 가지는 군민들의 민원을 제기할 때 일단 공감대를 형성하는 것이다. "그건 법적으로도 안 되는 일입니다."라고 할 게 아니라 "맞습니다. 그 문제는 정말 해결의 실마리를 찾아봐야 합니다. 함께 고민해 보겠습니다."라고 말하는 것이다."

– '사고의 전환을 가져온 행정학과 석사과정' 중에서

마흔네 살, 최연소 군 의원이 되다

생각해 보면 변화를 추구하는 민심이 아니었나 싶다. 지역사회를 위해 도움이 되고 새로운 비전을 찾는 뭔가를 해보겠다는 의욕만 넘쳐났을 뿐 구체적인 군 의원 활동에 대해서도 세세하게 아는 게 없었고 선거 후보로 나선 것도 처음이었다. 학창시절 하다못해 반장도 안 해본 내가 지역을 이끄는 리더가 되겠다고 도전장을 냈다. 게다가 나이는 마흔셋이었으니 지방의회 후보자로서는 그야말로 '애숭이' 소리를 듣고도 남을 일이었다.

그 무렵 나를 지켜보는 지인들이나 가족들은 걱정 반 기대 반이었다. 당시 우리 지역구는 가 선거구(구례읍, 문척면, 간전면)로 군 의원 3명을 뽑는데 무려 9명이 출마했다. 단순히 경쟁률로 따지면 3대 1이지만 후보자들의 이력을 보면 전직 읍장, 면장만 3명이었고, 나이로는 내가 제일 어렸다. 이뿐만이 아니다. 나는 소속 정당도 없었다.

처음에는 민주당이었으나 당직자 회의에 다녀온 선배들이 나에게 물어보았다. 민주당에서 미리 세 후보를 정했으니 그들을 위주로 선거를 하면 좋겠다고 전했다. 나로서는 포기할 수 없었다. 민주당을 탈당하고 무소속으로 출마를 결심했다.

굵직하게 내세울 만한 이력은 없었고 가진 거라고는 오로지 '젊음'이라는 것이 것밖엔. 그러니 현수막 슬로건도 젊다는 것만 내세웠다.

'언제나 처음처럼, 젊은 일꾼 신상원'

고래 싸움에 뛰어든 새우 그 자체였다. 그럼에도 불구하고 나를 지지하면서 도와주던 지인들과 친구들은 말했다.

"역사는 미리 정해진 것이 아니라 만들어가는 것이야. 최연소 군의원 도전이다."

"젊다는 것이야말로 가장 큰 자산이고 그마저도 너만의 달란트다."

"도전한다는 그 자체가 멋지고 소중한 거야. 일단 최선을 다해 보는 거야."

6.4지방선거까지는 딱 100일간의 시간이 내게 주어졌다. 가족간의 협의와 아내와의 합의된 결정을 하고 나니 한 발 늦은 셈이었다. 하지만 선거운동 기간 내내 그야말로 체력을 다 불태웠다. 처음 만나는 사람에게도 스스럼없이 명함을 건네고, 인사를 드리고, 마이크를 잡고 목이 쉬도록 출마 이유와 다짐을 전할 수 있었던 데는 타고난 외향성과 화엄사 상가번영회 활동을 통해 정확한 의사표시와 전달력을 쌓은 것도 나름 도움이 됐다.

그 기간 내내 최선을 다해 뛰면서도 솔직히 불안한 마음이 없었다면 거짓말이었다. 어떤 순간에는 '내가 지금 잘하고 있는 것인지?', '이른 나이에 선거에 뛰어들었으니 낙선 시에는 망신살만 뻗치는 꼴이 되는 것은 아닌지' 등등 마음속에서 갈등과 혼란의 충돌도 일어났다. 더욱이 부모님들까지 나서서 만나는 사람마다 "우리 아들 선상원 잘 부탁합니다."라고 인사하면서 도와주실 때는 괜한 일 저질러서 부모님 얼굴에 먹칠하는 것은 아닌가 하는 두려움까지 혼재돼 있었다.

목표는 당선이었지만 선거 결과는 투표함 개봉하기 전까지는 아무도 모른다는 말처럼 그 누구도 장담할 수 없는 일이니 사실

자신감은 100%가 안 되었다. 그러니 가족들은 얼마나 불안했을지 짐작이 가고도 남는다.

정말 감동적이었다. 군민들은 내 손을 들어주었다. 결과는 민선 7기 구례 군 의원으로 당선됐다. 그것도 군의회 역사상 최연소 군 의원 탄생이었다. 나름 구례의 역사 한 페이지를 쓰게 된 셈이다.

"축하합니다. 우리 구례가 새로운 인물을 원했던 겁니다. 기대하겠습니다."

마주치는 사람들은 덕담과 새로운 기대감을 전했다.

시작이 반이라고 했던가. 재선 성공, 또다시 재선 성공으로 '3선 군 의원'이라는 이름표를 달게 됐다.

2018년 민선 8기 지방선거에서 재선으로 당선될 당시에는 변수도 있었다. 그때까지는 공직 퇴직자가 군 의원이 되어 의정활동을 할 경우 월급이 지급되고 연금도 받았지만 법 개정 후 의정활동을 하게 되면 연금은 정지되는 시기였다. 이는 지역을 이끌고자 하는 젊은 후보자들에겐 의회 입성 문턱이 낮아지는 계기가 되었다.

2022년 민선 8기 선거에서는 후보자들의 연령층이 눈에 띄게 많이 낮아졌다. 당선 결과 총 7명의 의원 중 1년 선배가 두 분,

2년 선배가 한 분, 비례대표인 동창이 한 명 이렇게 나를 포함해 5명이 50대의 중년 의원들로 구성됐다. 물론 아직도 동료 의원 중 나이로는 막내를 못 벗어나고 있다.

40대 초반에 부모님 또래의 60대 지역 대선배 의원들과 함께 시작한 의정활동이 어느새 12년이나 됐다. 지인이나 선후배 그리고 친구들로부터 자주 듣는 말이 생겼다. '구례가 새로운 젊은 피를 택했다'거나 '구례군의회의 새로운 시대를 열었다'고. 더 열심히 하라는 응원의 소리라고 여기며 지금까지 활동을 이어왔다.

그간 구례의 혁신과 발전을 위해 몸 사리지 않고 뛰어다녔다고 생각은 하지만 무엇보다도 나 선상원을 믿고 군 의원으로서 일할 기회를 부여해 주신 구례 군민들에게 진심으로 감사의 마음을 전하는 바이다. 또 그런 신뢰가 차기 지방선거에서 군수에 도전하려는 나에게 더 큰 용기와 열정으로 승화될 것이라는 자신감의 발로가 되고 있다.

사고의 전환을 가져온 행정학과 석사과정

2014년 7월 초선의원으로서 처음으로 의회 배지를 달고 군의회 문을 열고 들어간 날이었다. 정치인 또는 지자체장 비서관이나 관련 활동이 전무한 나로서는 의정활동 무대에 막 데뷔하는 시점이고 보니 모든 게 낯설게만 다가왔다. 사전에 선배의원들과 사적으로 소통할 만큼 친밀한 관계이거나 인간관계를 맺을 기회도 없었으니 그야말로 학교에 갓 입학한 신입생이나 다름없었다.

마침 직원으로 근무하는 동창생이 있어서 찾아가 인사를 하면서 물었다. 앞으로 무엇을 어떻게 하면 좋겠냐고. 돌아온 대답은 한마디로 대략 난감 그 자체였다.

"그냥 의원님이 하고 싶은 것을 하세요."

귀동냥으로라도 도움이 될 수 있는 말을 듣고 싶었지만 너무도 단순했으니 그저 막막할 따름이었다. '지역사회 발전 방향성을 어떻게 찾아야 할까?'라는 고민을 하면서 우선 사무실 책장에 비치되어 있는 선배의원들의 회의록과 활동 사항이 담긴 책자를 살펴보는 쪽을 택했다. 이미 실시해 온 정책과 그 내용이 담겨 있으니 구례의 과거는 알 수 있을 것 같은데 미래의 방향성을 찾기란 쉽지 않았다.

다시 고민한 끝에 지자체의 발전과 성장은 무엇보다도 세상의 변화와 정부 정책과 맞물려 가야 한다는 것을 깨닫고 공부를 택했다. 그해 가을 학기에 순천대학교 대학원 행정학 석사과정에 입학한 것이 바로 그 이유에서였다.

고백하건대 입학 당시에는 일반 대학원이 아닌 특수대학원으로 직장인들이 다수일 터이니 뭐 그렇게 공부에만 파고들지 않아도 될 거라는 느슨한 마음이 있었다. 게다가 2030 청년이 아닌 40대이고 지자체 의원이니 바쁠 때는 교수들에게 부탁을 하면 출결이나 리포트 제출 등에서 나름 배려가 있을 거라는 생각도 없지 않았다.

막상 부딪혀 보니 그게 아니었다. 시쳇말로 김칫국 먼저 마신 꼴이 됐다. 국립대이다 보니 서울대 출신의 교수들이 많았고 학사 운영에 있어서 그 기준 적용이 한결같이 엄격했다. 그 누구도 봐 주거나 특별히 감싸주는 일은 없었다. 대학 입학을 앞둔 수험생 교실만큼이나 수업시간은 늘 긴장감이 맴돌았다. 리포트 준비나 발표에 있어서 대충이나 그럭저럭은 통하지 않았다. 생업에 종사하랴, 의회 활동하랴, 그것만으로도 바쁜 일과인데 대학원 수업이 저녁 7시부터 9시 30분까지였으니 주 2회는 오후 6시 이후 저녁 시간을 온통 학교 수업으로 할애해야 했다. 수업 준비와 공부도 해야 하니 이게 그리 쉬운 일이 아니었다. 오죽하면 첫 학기 내내 '공부를 계속해야 하나 아니면 그만둬야 할까'에 대한 고민이 머릿속을 따라다녔다.

내가 원하는 답을 찾기도 힘들었다. 한번은 어느 교수님께 지역 현안을 질문하면서 "행정이 그것을 못 따라가는데 어찌하면 좋을까요? 어떤 방법이 없을까요?"라고 했더니 그는 딱 네 글자로 답했다. '식자우환(識字憂患)'이라고.

학식이 있는 것이 도리어 근심을 일으키게 된다니 참으로 아이러니컬 하지 않은가. 그러니 이번엔 '왜 공부를 해야 하는가'라는 딜레마에 빠져 여러 날을 갈등 속에서 보내야 했다. 그러는 가운데 나름 나만의 답을 찾았다. 그것은 다름 아닌 '행정'만을 따로 떼어서 생각하고 고민할 일이 아니라는 것을. 지자체의 현실과제와 대안 찾을 때는 행정이 미치는 파급 효과를 함께 생각해야 한다는 결론이었다. 행정의 영향력이 워낙 크게 작용하기 때문이다.

행정은 지침이나 법을 토대로 이루어진다. 국민이 불편한 일, 국가나 사회 운영 차원에서 걸림돌이 되는 일들이 가시화되고 그것이 이슈가 되면 그제야 법은 만들어지고 이어서 행정력이 발동한다. 어떻게 보면 문제가 발생하고 일이 커진 다음에야 뒤늦게 행정으로 수습을 하게 되는 셈이다.

일례로 민원이 제기되면 정치인이나 공무원들이 가장 쉽게 하는 말이 있다. "그건 법적으로 안 돼요."라는 한 마디다. 그런 후 시간이 흘러서 조례나 법을 만들고 그게 실효성을 거두기까지는 허송세월이 지나가야 한다.

군의원으로서 내가 찾은 해법은 두 가지였다. 하나는 군민들의 현실을 보다 가까이서 깊숙이 통찰하고 어떤 문제가 불거지기 전에 군민들의 가려운 부분을 찾아내서 긁어주고 최선책을 찾아보는 유연성을 발휘하는 것이다. 또 한 가지는 군민들의 민원을 제기할 때 일단 공감대를 형성하는 것이다. "그건 법적으로도 안 되는 일입니다."라고 할 게 아니라 "맞습니다. 그 문제는 정말 해결의 실마리를 찾아봐야 합니다. 함께 고민해 보겠습니다."라고 말하는 것이다.

"군맹무상(群盲撫象)'이라는 말이 있다. 여러 맹인이 코끼리를 더듬는다는 뜻으로, 자기의 좁은 소견과 주관으로 사물을 그릇 판단함을 이르는 말이다.

옛날 인도의 어떤 왕이 신하들에게 진리를 말하다가 대신에게 코끼리를 한 마리 몰고 오도록 했고 맹인 여럿을 불러 코끼리를 만져보게 한 다음 어떻게 생겼는지 말해 보라고 했단다. 그들의 대답은 각양각색이었다. 상아를 만진 사람은 무와 같다 하고, 머리를 만진 사람은 돌이라 했고, 또 등을 만진 이는 평상같이 생겼다고 한 것. 서로 자기가 만져본 것이 맞다고 주장을 한 것이다.

우리는 내가 아는 만큼, 보고 싶은 만큼 사물을 대하기에 모든 사람들의 견해를 큰 맥락에서 이해하기는 더 어렵다. 그리하여 의정활동이 이어지면서 군민 몇 사람의 의견이나 불만이 아닌 군민 전체를 바라보고 개개인의 입장도 존중하고 이해하면서 군민의 삶의 질을 높이는데 주력하고자 했다. 앞으로도 구례군을 위한 활동은 그렇게 펼쳐 갈 것이다.

지자체 최초, ‘농식품 명인 명장제도’를 만들다

구례는 천혜의 자연환경과 오랜 역사를 이어온 고장이다. 이는 후손들에게 물려줄 가장 소중한 유산으로 현존하는 유무형의 자산들을 잘 보존하고 널리 알리는 것이야말로 오늘을 사는 우리의 책무다.

이따금씩 TV에서 ‘명장’이라는 이름을 지닌 유명인을 보게 되거나 도심 거리에서 ‘명장’ 칭호가 붙어 있는 유명 업소를 만나기도 한다. 국가에서 인정하는 ‘대한민국명장’으로 인정받은 이들이다. 명장은 숙련기술장려법 제11조 규정에 따라 산업현장에서 최고 수준의 숙련기술을 보유한 기술자로서, 숙련기술 발전 및 숙련기술자의 지위 향상에 크게 공헌한 사람을 지칭한다.

분야도 다양하다. 공예, 금속재료, 기계가공, 전자, 금형, 패션, 식품가공, 제과 · 제빵, 피아노조율, 세탁 등등 고용노동부에서 고시한 38개 분야 92개 직종이 그 대상이다. 명장 대상자는 최소 15년 이상의 경력자로서 기술의 성과가 높아야 명장 선정의 대상 자격이 주어지며 명장에 선정되기까지는 나름 깐깐한 심사절차를 통과해야만 한다. 수십 년 동안 한 우물만 파면서 기능이 매우 뛰어나 각종 수상실적이 있어야 하는 것은 기본이다. 2025년 현재 우리나라 명장 수는 총 708명이다.

오랜 전통의 맛과 멋이 살아 숨 쉬는 우리 구례에 과연 명장으로 인정받을 만한 인물이 없을까? 2025년 3월 군의회에서 내가 '명인 명장 육성 및 지원에 관한 조례'를 발의한 것은 바로 이런 이유에서다. 숨은 명인 명장이 있지만 그들이 대외적으로 알려지지 않았고 우리 또한 찾아내지 못하고 있는 것에 대한 아쉬움에서 시작됐다.

명인 명장 발굴에 나선 가장 큰 이유는 무엇보다도 그들이 수십 년에 걸쳐 일군 결과물과 장인정신을 인정받고 그로 인해 그들의 삶의 질 또한 높아져야 한다는 생각에서다. 또 구례만의 차별화된 관광 콘텐츠를 활성화하는 데 꼭 필요한 무형 문화유산이라는 이유에서다.

이같은 해당 조례의 취지를 발표하면서 명인 명장 육성 및 지원책으로 지정서 발급, 군 행사 시 부스 우선 제공, 군 홍보물 제작을 통한 홍보 등의 내용을 담았다. 의원 모두가 기다렸다는 듯이 공감하며 찬성 의사를 표했고 상정되어 발표되는 결과를 낳았다.

드디어 우리 군에서는 올해 두 명의 장인을 선정하여 발표했다. 부채 장인 김주용님과 국악 장인 김영택님이다. 선정 과정 중 심의위원회를 꾸릴 때는 국가문화재 인물들이 직접 참여하여 장인으로서의 기술을 인정했으니 공정성을 확보한 게 틀림없다.

김주용 명인은 공방 죽호바람에서 부채로 3대째 가업을 잇고 있다. 대학을 졸업한 직후인 2002년부터 가업을 물려받아 지금까지 부채 제작 외길을 걸어오고 있는 중이다. 대나무를 수십 차례에 걸쳐 삶고, 쪼개고, 다듬는 공정을 통해 만들어진 부채살을 일정 간격으로 배열해 한지를 덧입히고, '합죽' 공정을 거쳐야만 비로소 한 자루의 부채가 완성된다. 주재료인 대나무는 공방에서 약 1㎞ 떨어진 대숲에서 왕대를 벌채하여 사용하는데 지리산 자락에서 자란 왕대는 결이 곱고 탄성이 뛰어나 전통 부채 제작에 적합하다고 한다.

공방 〈죽호바람〉의 허혜인 대표는 김 명인의 기술에 기획력을 더해 2021년 브랜드를 법인화하면서 죽호바람을 전통공예 기반의 문화콘텐츠 브랜드로 키워왔다고 한다. 이에 올해 초엔 세계적인 기업과 계약을 체결하여 한국적 정서를 입은 미키마우스 한지 위에 새롭게 디자인되어 국내 MZ세대들과 외국인 관광객을 주축으로 호응을 얻고 있는 것으로 알려진다.

구례군 국악 명인 제1호인 김영택 명인은 호남의 대표 농악인 '구례잔수농악(국가중요무형문화재 제11-6호)' 이수자다. 호남의 좌도 농악과 우도 농악을 두루 섭렵하며 실력을 인정받아 이미 2008년과 2014년 전국명인대회에서 설장구 부문 최우수상을 수상했는가 하면 전주대사습놀이에서 농악 부문 장원을 수상하기도 했다.

구례군청에서 토목 서기관으로 퇴직한 후 구례군 농악연합회장으로서 후배 양성에 더욱 몰두하고 있 김영택 명인은 언론 인터뷰를 통해 "이번 국악 명인 지정은 고향의 전통 예술을 가꾸고 계승하라는 군민들의 뜻과 바람이 담겨 있어 50년 장구재비 인생에서 제일 뜻깊은 일이자 무거운 짐이 됐다."는 소견을 전하기도 했다.

우리 군의 '명인 명장 육성 및 지원에 관한 조례'는 지역 내 장인과 예술인을 체계적으로 발굴 육성하고 전통문화를 보전하기 위한 지자체 최초의 조례다. 앞으로 2년 단위로 한 번씩 명인 명장 발굴을 이어갈 것으로 예상되는 가운데 우리 군의 숨은 얼굴들이 지속적으로 발굴되어 군과 함께 더 성장하고 더 알려지길 바라는 마음이다. 전통과 예향의 고을 우리 구례의 역사와 존재감을 한결 더 높여주는 주역들이 될 것으로 기대된다.

‘공공조형물’에 법적 근거를 입히다

“이거야말로 우리 군의 역사이자 상징입니다. 우리의 자산이자 자랑거리이기도 합니다. 그러니 우리 군민 모두가 관심을 갖고 잘 관리하는 게 맞지 않겠습니까?”

말로 아무리 강조한들 해결되지 않는 것들이 있다. 어느 날 갑자기 떠오른 순간의 아이디어가 아니라 다년간 지켜보면서 ‘이건 아니다’ 싶은 게 있었다. 내가 군 의원이어서가 아니라 군민의 한 사람으로서 반드시 나서야 한다는 생각이 깊어졌고 결국 지난 2024년 4월 30일 의회에서 조례를 대표 발의했다. 그것은 바로 '구례군 공공조형물의 설치 및 관리 등에 관한 조례'였다.

공공조형물은 '국가나 공공 단체가 설치·관리하여 일반 사람에게 공개하는 조형물'을 말한다. 우리 군에도 많은 공공조형물이 지역 곳곳에 자리해 있건만 안타깝게도 관리가 제대로 안 되는 것이 한두 개가 아니다. 설령 관리는 다음 일로 차치하더라도 기본적으로 어떤 조형물들이 어디에 있다는 목록만이라도 있어야 하건만 그마저도 없었으니 참으로 심각한 문제라는 염려에서 비롯됐다.

일례로 화엄사 입구(마산면 황전리 14-15)에 자리한 '시의 동산'이 그랬다. 1986년 20기의 시비를 기증받아 숲속 산책길을 따라 조성된 이곳은 2014년 추가로 기증을 받아 공원 면적을 확장 정비하여 지금은 총 36기의 시비와 조각작품들이 전시되어 있다. 나무와 꽃이 자리하고 계곡 물소리가 들려오는 한적한 곳을 느리게 거닐며 시와 조각품을 감상할 수 있다. 시비들이 서 있는 산책로는 한자 '갈 지(之) 자' 형태로 되어 있고 산책 삼아 걸으면 10여 분만 걸어도 다 둘러볼 수 있는 넓지 않은 공간이어서 부담 없이 잠시 눈 호강을 할 수 있는 곳이기도 하다. 게다가 곳곳에 벤치가 설치돼 있어 일상에 지쳐 심신이 피곤한 누군가의 마음을 달래주고 안아주는 훌륭한 치유의 숲이 되고도 남을 터이다.

구슬이 서 말이면 뭐하겠는가. 꿰어야 보배라고 했건만 이 좋은 공간이 방치된 느낌 그 자체였다. 대외적인 홍보가 부족한 탓인지 군민들은 물론이고 지리산과 화엄사 탐방객 중에도 이곳을 찾는 이는 그리 많지 않은 듯하다.

그러다 보니 산책로도 시비도 제대로 관리가 되지 않고 있었다. 더욱이 군을 위한 소중한 마음으로 돈까지 들여 시비를 기증한 이들의 입장이라면 섭섭함이 느껴질 수밖에 없지 않겠는가.

비단 '시의 공원'뿐만이 아니다. 관내에 방치되고 있는 공공조형물들은 한둘이 아니다. 지역 현감의 기념비인 '석문', 조선 말기의 시인이자 문장가로서 또 유교적 지식인으로서 조선 당시의 사회상에 대한 많은 저술을 남긴 학자 매천 황현 선생이 남겨놓은 글이 새겨진 광의면 월곡리 마을 앞 실개천의 바위도 마찬가지다. 비바람 맞으며 긴 세월을 딛고 묵묵히 자리하고 있건만 관리가 되지 않아 그야말로 이름 모를 비목처럼 존재감 없이 쓸쓸하게 자리해 있다.

다행히도 군 의원 전원 찬성으로 '구례군 공공조형물의 설치 및 관리 등에 관한 조례'가 가결됐다. 해당 조례의 주요 내용은 조례의 목적, 정의, 설치신청, 비용부담, 공공조형물 심의위원회 설치, 심의 예외, 이의신청 등에 관한 사항을 담고 있다.

조례를 발의한 나로서는 무분별한 공공조형물의 설치를 막고 체계적 관리를 위한 법적 근거가 마련했다는 점에서 뿌듯하지 않을 수 없다.

이번 조례로 구성된 심의위원회는 당연직 위원인 문화업무 관련 담당 부서장, 도시 관련 담당 부서장으로 구성되고 위촉직 위원인 구례군의회 의원, 공공조형물이 설치되는 지역주민, 공공조형물 등에 관하여 학식과 경험이 있는 해당 분야의 전문가 등으로 구성됐다.

제정된 '구례군 공공조형물의 설치 및 관리 등에 관한 조례'에 의해 앞으로 우리 군에서는 앞으로 공공조형물 건립 시 주민 의견이 반영될 것이며 공공조형물 건립뿐 아니라 보수나 철거, 이전 등의 변동도 심의위원회를 거쳐 결정된다. 무엇보다도 공공조형물을 설치할 때 그 설치와 관리에 필요한 사항을 규정함으로써 쾌적하고 아름다운 공간 조성에 많은 도움을 줄 예정이다.

우리의 것은 우리 스스로 관리하고 지키고 알려야 한다. 구례를 찾는 관광객들에게 뭐 하나라도 더 보여주고 싶은 진심이 모아질 때 공공조형물들을 찾는 발길도 늘어나고 그중에서 역사적 문화적 가치를 높이 평가받는 조형물들은 문화재로 격상되고 구례의 자랑거리로 이어질 것이다.

공공조형물 심의와 철거, 이전 등에 법적 근거가 생긴 만큼 관내 공공조형물이 체계적으로 관리될 수 있기를 기대할 수 있게 된 나로서는 그 만족감이 앞으로도 오랫동안 구례를 사랑하는 여운으로 이어질 듯 싶다.

구례답게
마을 곳곳을 '생태정원'으로

늦은 감이 없진 않지만 '그나마 다행'이다. 요즘 도시 지방 할 것 없이 지역 변화의 붐을 이끌고 있는 '공동체 정원', '생태 정원'이 그것이다. 전국 곳곳에서 환경살리기운동의 일환으로 정원가꾸기 문화가 자발적으로 확산되고 있는 중이다.

지역주민의 손으로 직접 가꾸는 우리 동네 정원은 공동체 정원이 피워내는 또 하나의 사회적 가치다. 대구시의 '골목정원'은 주민 참여형 녹화 사업이 단순한 환경 개선을 넘어 얼마나 큰 사회적 가치를 창출하는지 잘 보여준 사례로 한동안 매스컴을 탓다. 대구광역시에서는 '시 1호 공동체정원'으로 '달성토성마을 골목정원'을 지정했다고 한다. 달성토성마을 골목정원은 2015년 주민들이 집 안에 있던 화분을 자발적으로 골목에 내놓으면서 조성됐으며, 비밀의 정원과 터널 정원, 해바라기 정원 등 100여 개의 특색 있는 정원이 만들어지면서 화분 골목문화가 만들어졌다.

공동체 정원은 '수목원 · 정원의 조성 및 진흥에 관한 법률'에 따라 지자체나 법인, 마을 · 공동주택 등 지역주민들이 결성한 단체 등이 조성해 운영하는 정원이다. 달성토성마을 골목정원은 주민 주도형 도시환경 개선이라는 점에서 성공적인 도시재생 사례로 평가받고 있다.

대도시와 지방은 주거공간의 밀집도나 구성 자체가 다르다. 우리 구례는 이미 천혜의 자연환경과 생태자원을 갖춘 도시다. 그런 의미에서 나는 몇 년 전부터 도시재생의 의미가 아닌 구례가 지닌 지금의 자연 풍광에 더 따뜻하고 품격 있는 지역 공동체를 심을 수 있는 일로 '마을생태정원'을 생각해 왔다.

생태 정원은 인공적인 부분을 최소화하고 자연 그대로의 모습이 유지될 수 있도록 주변 환경을 변형하지 않고 최대한 활용하여 만든 정원을 말한다.

좋은 생각일수록 실행으로 옮기는 게 중요하다. 지난 6월 4일 열린 제320회 구례군의회 정례회에서 '구례군 정원문화 조성 및 진흥에 관한 조례안' 대표발의 했다. 이에 따라 조례가 제정되었으며 '군민의 삶의 질 향상과 생태적 정원도시 구현을 위한 제도적 기반을 마련했다는 점에서 의미가 크다'는 평가를 받았다.

마을 생태정원은 단순한 조경을 넘어서, 군민이 자연과 소통하고 공동체 정신을 되살리는 삶의 공간이다. 정원문화의 조성과 확산, 정원산업의 진흥에 필요한 사항을 종합적으로 규정하고 있는 이 조례에는 ▲공동체 정원과 민간정원 등 정원의 유형 정의 ▲군수의 책무 및 정원문화 진흥 시책 ▲정원진흥 종합계획 수립 ▲정원관리사 양성과 활용 ▲민간 참여 확대 방안 ▲정원박람회 개최 및 포상제도 등 다양한 내용이 포함되어 있다.

이 조례의 출발점 밑그림에는 나 나름의 실행 방법과 주인공이 숨어 있다. 관내 마을 곳곳에는 자투리땅이 또 읍내와 면 소재지 주변에는 유휴지 여기저기 널려 있는 게 사실이다. 군민의 삶이 함께하는 공간이라면 단 한 평의 땅일지라도 효과적으로 활용해야 한다. 그것은 변형이 아닌 있는 그대로의 공간에 꽃을 심고 가꾸는 생태 그대로의 환경미화다. 땅이 부족해서가 아니라 지역사회를 청결하고 아름답게 가꾸고 그래서 더 생동감 넘치고 눈이 즐거운 삶터로 거듭나게 하는 것은 매우 의미있는 일이기 때문이다.

지금 우리나라는 초고령사회가 됐고 농촌 지역일수록 고령층

인구가 지배적이다. 자연발생적인 우리의 현실이자 시류인 만큼 긍정적으로 받아들여야 한다. 전 세계적으로 장수마을의 특징은 북적이는 도시가 아닌 한적한 마을에서 노인들이 소일거리를 하면서 이웃과 함께 보낸다는 공통된 특징을 갖고 있다.

이는 우리 구례의 오늘과 다름없다. 그렇다면 농사를 짓기에는 힘에 부치는 어르신들에게 소일거리를 제공하고 일정 소득을 지급하는 것은 노인건강과 일자리 창출이라는 두 마리 토끼를 잡는 일이 된다. 여기에 더해 그 소일거리가 담장 아래, 마을 공터에 꽃을 가꾸는 일이라면 장기적으로는 구례 생태 정원문화 확산과 관광 시너지 효과까지 발휘할 수 있는 그야말로 일거다득의 효과를 가져오는 일이 아니겠는가.

주민들은 함께 꽃을 심고 정원을 가꾸는 과정에서 자연스럽게 소통하고 교류하게 된다. 한산했던 골목길에 녹색 생기가 돌면서 이웃 간의 정은 더욱 돈독해지고 마을에 대한 애정과 공동체 의식은 그 뿌리를 더욱 굳게 내릴 것이다. 이뿐만이 아니다. 생태정원 가꾸기 문화가 구례 전역으로 확산되어 꽃 필 때면 이 또한 구례를 찾는 이들에겐 소문난 볼거리가 되어 관광자원으로서의 역할도 할 것이라는 기대를 갖는다.

이번 조례를 통해 구례가 정원문화 도시로 나아가는 첫걸음을 내딛게 되었으니 나는 군민 누구나 정원문화를 일상에서 향유될 수 있도록 지속적인 제도 개선과 정책 추진에 앞장설 작정이다. 군에서 꽃씨를 나눠주고 노인들은 봄부터 가을까지 꽃밭을 가꾸면서 키우고 자라고 피어나는 과정을 통해 즐거워할 것이다. 주름진 얼굴이 아니라 꽃이 활짝 핀 우리 부모님들의 웃는 모습을 상상해 보라. 이 얼마나 행복한 일인가.

청년을 더 끌어안는 '스마트팜 프로젝트'

'식량안보', '식량주권'이 화두가 되고 있는 시대다. 기후위기의 영향을 그대로 받는 농업이 기존의 전통적인 농업방식으로 언제까지 우리에게 먹거리를 식탁에 올려줄지 모르기 때문이다. 게다가 노동력에 전적으로 의존하는 농업방식은 농촌의 고령화와 인구소멸 현상에 의해 엎친 데 덮친 격으로 난제 속의 난제가 되고 있는 상황이다.

여러 가지 문제가 복합적으로 산재된 지금의 농촌 문제를 해결할 대안으로 등장한 것이 바로 정보기술을 접목해 지능화된

농장 '스마트팜(Smart farm)이다. 다만 스마트팜마저도 디지털문명에 익숙하고 적잖게 노동력을 투입해야 하는 인력은 필수이니 그 주인공은 청년일 수밖에 없다. 이 때문에 이미 10여 년 전부터 수시로 매스컴에 등장하는 뉴스로 스파트팜과 청년을 하나로 묶은 청년 귀농이다.

인구소멸 위기의 길을 걷고 있는 우리 군 역시 지금은 손 놓고 있을 상황이 아니다. 지난 2월 14일 군의회 '5분 발언'의 기회를 얻어 우리 군의 정책변화를 거론한 것도 이 때문이다. 그 날 나는 먼저 현재 우리 군 8개 읍면의 학생 수는 급격히 감소하고 있으며 귀촌한 젊은 부부들 사이에서는 아이들이 놀 수 있는 공간 부족으로 이사를 고민하는 경우도 많다는 사실을 전하면서 농어촌 지역의 인구 감소 심각성을 밝혔다.

"우리나라 전체 문제이며 일자리 부족과 소득 불균형으로 청년들이 도시로 유출되고 있습니다. 그 결과 인구 감소라는 심각한 위기를 맞이하고 있습니다. 하지만 이 문제를 그대로 두고 볼 수는 없습니다. 신생아 출산율이 낮다는 것은 가정을 꾸리는 부부가 적다는 것을 의미하고 이는 일자리가 부족하고 아이를 키울 여건이 마련되지 않았다는 반증입니다. 지금의 경제위기 속에서 지자체의 정책변화는 반드시 필요합니다."

이어서 나는 우리 군을 위해 4가지 정책변화가 절실함을 제안했다. ▲아이들이 자라날 수 있는 여건을 하나하나 개선하는 것 ▲지역 농업여건을 개선하여 스마트팜 시설을 활용한 농업인 육성을 통해 젊은 세대에게 일자리와 희망 제공 ▲지역 순환경제 구축을 통한 지역 내 소비를 촉진하고 지역경제 활성화 ▲지역농산물을 소비자에게 적정한 가격에 공급할 수 있는 먹거리 계획 마련과 농산물 제값 판매 지원 등이 그것이다.

이같은 정책변화가 이루어지려면 먼저 더 많은 경제활동 인구 충족이 전제가 돼야 한다. 그렇다면 스마트팜을 이끌 청년을 어떻게 불러오고 육성해야 할지는 우리가 고민하고 그 해법을 찾아야 한다.

지금까지 우리 군이 진행해 온 스마트팜 지원 정책을 들여다보면 아쉬움이 큰 게 사실이다. 군이 추진해 온 스마트팜 임대농장은 규모부터가 초라하다. 이 사업은 전라남도와 구례군이 각각 50%의 예산을 투자하여 운영하는데 농장은 달랑 1개 동 400평이 전부다. 임대농장 사업자로 선정될 경우 3년간 사용이 가능한데 2024년의 경우 총 6명이 선정됐지만 규모가 작다 보니 단 1명만 현재 이 사업에 참여하고 있다. 나머지 5명은 기다려야 하는 상황이다.

우리 전라남도 고흥군에는 '고흥 스마트팜 혁신밸리'가 있다.

지역과 전공에 관계 없이 스마트팜 영농기술을 배우고자 하는 청년이 그 대상이며 보육센터 교육은 국비로 전액 지원된다. 입문 교육 2개월, 보육센터 실습온실에서 교육형 실습 6개월, 교육생이 주도적으로 작물의 전 생육 기간 농업경영을 진행하는 경영형 실습 12개월로 총 20개월간 진행되는데 교육 수료생에게는 스마트팜 창업을 위한 다양한 혜택이 주어진다. 스마트팜 혁신밸리 내 임대형 스마트팜(3년) 지원 자격, 스마트팜 종합자금 대출 신청 자격과 청년 후계농 선발 시 가점 부여, 농림수산업자 신용보증기금(농신보) 우대 보증 등을 받을 수 있다. 올해 교육생 선발 인원은 52명이다.

발 빠르게 국책사업을 이끌어온 고흥군이 부러운 게 사실이다. 정부 주도의 사업이기에 전국 각지에서 청년들이 이 프로그램에 도전한다고는 하지만 군민인 청년의 참여가 적지 않을 것이고 교육 후 고흥에 정착하여 스파트팜을 운영하는 이들 또한 다수일 것이라고 예측해 볼 때 우리의 스마트팜 전략은 더 더욱 아쉬움이 남을 수밖에 없다.

'남의 떡이 커 보인다'는 속담이 빈말은 아니지만 현실적으로 우리 군으로서는 이처럼 체계적이고 대대적인 청년 스마트팜 프로그램을 운영하기에는 역부족이라는 것을 너무도 잘 알고 있다. 남이 하니 그대로 따라가자는 게 아니다. 우리는 우리 현실에 맞게 스마트팜을 통한 청년 농업정착 프로그램을 운영하면 되지 않겠는가.

개인적으로는 무엇보다도 임대농장의 규모를 늘려야 한다는 입장이다.

최근에 전라남도와 700평 규모의 임대농장 부지를 확보하고자 구두 약속을 한 것은 고무적인 일이었지만 최종 선정에서는 아쉽게도 제외되었다.

다만 이 정도 규모의 스마트팜으로는 청년을 불러들이는 데 역부족이다. 군비를 투입하든지 국비를 끌어오든지 최소한 한 해 5-6명 이상의 청년들이 참여할 수 있는 부지와 교육프로그램을 운영하면서 그 수를 서서히 늘려나가면 좋을 것이다.

농장임대 기간도 3년에서 5년으로 연장할 필요가 있다. 농업은 변수가 많은 분야이기에 누가 뛰어들어도 시행착오는 있기 마련이다.

더욱이 농업 경험이 없는 청년들이다. 그렇다면 본격적인 규모의 스마트팜을 운영하기 전에 그 시행착오도 경험하면서 최소의 스마트팜 창업 초기자금이라도 만들어서 독립할 수 있게 해주는 게 어떨까 싶다.

정책사업은 그 준비 과정에서의 애로점도 있고 시간도 필요로 한다는 것을 잘 알고 있다. 하지만 전국 각 지자체들이 스마트팜을 위해 다양한 전략을 펼치면서 청년 유입에 발벗고 나선 상황이다. 시간을 마냥 기다리면서 적당히 진행시켜야 할 사업이 결코 아니다.

그렇다면 우선 당장은 압화박물관 뒤 군유지 900평과 인구소멸대응기금이나 고향사랑기부금 일부를 청년 스마트팜 운영에 활용하면 좋겠다는 생각이다.

작은 도서관을 늘리자

'책은 사람을 만들고 사람은 책을 만든다'는 문구를 본 적이 있다. 학창시절 공부벌레는 아니었지만 책을 싫어하지는 않았던 것 같다. 성인이 되면서 이런저런 핑계로 독서를 생활 속의 습관으로 길들이지 못한 것이 아쉬우면서도 풀지 못한 나만의 숙제가 되고 있다.

남녀노소를 가리지 않고 '책'을 가까이하는 것만큼이나 마음 편안하고 왠지 든든하며서도 삶을 살아가는 데 큰 도움이 되는 것은 흔치 않다는 생각이다. 책에 관한 한 무한 긍정적이고 호의적인 시각은 비단 나만이 아니라 모든 사람의 공통분모가 아닌가 싶다. 이것이 바로 도서관이 우리의 공동체 삶 속에서 공존해야 하는 이유다.

구례군의 절반인 12,000명이 거주하는 구례읍에는 두 개의 도서관 '전라남도교육청구례도서관', '구례군매천도서관'이 있다. 매천도서관만 해도 문학, 종교, 철학, 예술, 과학 등 다양한 분야 44,590권의 도서만이 아니라 2천여 종이 넘는 학술 등도 품고 있다. 여기에 교육청도서관도 있으니 군민들에게 필요한 책과 자료는 크게 부족하지 않을 거라는 생각이 든다. 다만 아쉬운 것은 '작은도서관'이 손가락으로 세어야 할 만큼 적다는 것이다.

작게는 20여 평 이하의 공간만 활용해도 조성할 수 있는 소규모의 작은도서관은 공공성에 있어서 대형 도서관의 역할과는 분명히 차별화된다. '도서관'이라는 이름이 갖는 고유의 특성은 그대로 간직하지만 지역 곳곳에 생활 밀착형으로 자리하므로 접근성이 뛰어나 가장 큰 장점인 '생활 속의 도서관'으로서의 기능을 실현시킨다. 책 대여, 독서만이 아니라 '사랑방' 같은 지역민들의 만남이 이루어지고 아이들에게는 꿈터 역할을 하며 학부모들에게는 문화현장이자 소통의 장이 된다.

아이들의 웃음소리가 들리고 동네 사람들의 사는 이야기가 오가는 작은도서관. 단순한 독서 및 학습공간이 아닌 지역의 복합문화공간이기에 작은도서관은 곧 그 지역의 교육문화와 화합을 보여주는 얼굴이나 다름없다고 봐도 좋다.

2024년 기준 전국에는 6,830곳의 작은도서관이 있다고 한다. 인구 15만 명의 이웃 도시인 광양시에는 37개의 작은도서관이 있고 인구 4만 5천명의 담양군에는 10개의 작은 도서관이 있다. 우리 군에는 작은도서관이 과연 몇 개나 될까?

구례읍 5일시장 작은길에 있는 '산보고책보고작은도서관', 산동면 수락폭포로의 '호호담작은도서관' 그리고 문척면 동해벚꽃로에 있는 '홍당무작은도서관' 이 세 곳이 전부다. 아무리 인구수가 광양이나 담양에 비해 적다 해도 인구대비 도서관 수를 비교할 때 턱없이 적은 수치다.

더욱이 이웃해 있는 지자체로서 우리와 인구수가 불과 천 명밖에 차이가 나지 않는 곡성군에도 작은도서관은 8개나 된다. '작은도서관' 말만 나오면 차마 입 밖으로 꺼내기조차도 불편하고 그저 부끄러울 따름이다.

2024년 10월 나는 313회 군의회 임시회의에서 '구례군 작은도서관 운영 및 지원에 관한 조례안'을 대표 발의했고 가결됐다.

이 조례에는 '작은도서관 조성에 노력해야 한다는 군수의 책무'와 '년 1회 이상 정기적으로 작은도서관의 운영에 대한 지도 및 감독해야 하는 의무' 등이 포함돼 있다.

최근에 알게 된 사실 하나가 있다. 2024년 기준 전국 6,830곳의 작은도서관 중 1,440곳이 휴 · 폐관 상태라고 한다. 그 이유가 참으로 허탈하기 짝이 없다. 전 정부가 독서 · 서점 · 도서관 · 출판 관련 예산을 대폭 삭감한 결과, 지역 문화 기반의 핵심 역할을 하는 작은도서관이 문을 닫게 됐다는 것이다. '작은도서관 문화가 있는 날' 사업은 2023년까지 연간 200만 원이 배정됐으나, 2024년부터 전액 삭감됐으며, '순회 사서 지원' 예산은 73억3,000만 원에서 63억800만 원으로 감소했다. '책 친구 지원' 사업도 3억9,500만 원에서 3억1,600만 원으로 줄었다.

이쯤 되면 전체 수 대비 21.1%의 전국 작은도서관 휴 · 폐관 수와 고작 3개 뿐인 우리 군의 작은도서관 수가 시사하는 바는 분명해진다. 정부 정책을 진두지휘하는 국가원수의 책 문화에 대한 부족한 소양과 자질, 군민의 생활 속으로 들어가지 못하는 군의 미흡한 문화정책이 낳은 결과가 아니겠는가.

국민의 지적 문화적 삶의 질을 높이는 공간으로서 도서관의 미래 가치를 고려한다면 작은도서관은 반드시 빠른 시일 내에 늘어나야 한다. 또 작은도서관에 관심이 있는 주민들을 대상으로 도서관 관리 운영 실무능력 향상 교육을 실시해 사서자격증을 취득하도록 유도하고 지역 자원봉사자들을 작은도서관으로 끌어들여 활성화를 꾀해야 한다.

나는 소망한다. 어느 동네를 가든 누구를 만나든 동네 작은도서관을 오가는 중이라는 마을 사람들을 만나 인사하고 담소를 나눌 수 있길, 또 엄마 아빠와 함께 작은도서관을 오가는 아이들의 행복한 미소를 볼 수 있기를.

책으로 경제공부를 합니다

의정활동을 하면서부터 독서량이 부쩍 늘어났다. 최근엔 도서 분야 중에서도 경제 서적을 자주 접하고 있다. 의원 활동이 3선에 걸쳐 지속되면서 지역경제에 대한 고민도 깊어지다 보니 자연스럽게 경제 경영서적에 집중하게 되었다. 지역사회의 지속가능한 발전은 뭐니뭐니 해도 경제적 안정이 유지되는 가운데 삶의 질을 높이는 것이 아닌가. 그래서인지 관련 서적을 매월 한두 권은 정도는 읽는 편이다.

독서량에 대한 자랑은 결코 아니다. 지자체 의정활동을 하려면 그만큼 다양한 분야에 대해 보고 듣고 느끼고 공부해야 한다는 것을 실감했기 때문이다. 설령 어느 한 분야의 박사일지라도 지자체 의정활동이 마냥 순탄하게 넘어갈 수는 없다. 국회와 지방의회는 의원 수부터가 다르지만 지방이라고 해서 의정활동이 비단 어느 한 분야에만 국한되지 않기 때문이다.

알수록 더 어렵다는 말이 있듯이 의정활동 또한 시간이 흐를수록 더 깊이를 요한다는 것이 느껴지고 그에 따른 책임감 또한 무겁다는 것을 실감한다. 그도 그럴 것이 세상은 시시각각 변하고 우리는 그 변화에 미리 대처하는 지혜가 필요하기 때문이다. 그러니 설령 회기 중 어느 분과를 맡고 있다고 할지라도 다양한 분야에 대한 정보와 지식이 요구될 수밖에 없다. 이것이 바로 내가 독서량을 늘려갈 수밖에 없는 이유이기도 하다.

요즘 같은 시대에는 농어촌 지역의 지자체 의정활동일수록 그야말로 전 산업 분야에 대한 전천후 선수(?)로 뛰어야 하는 게 현실이다. '인구감소와 지방소멸'은 남 얘기가 아니고 우리나라 농어촌 지역들의 얘기이기 때문이다. 농업, 경제, 교육, 관광, 문화, 예술, 스포츠 등등 전 분야 걸쳐 군민의 삶을 두루두루 살펴봐야 하고 군의 현안 과제를 해결하며 미래의 발전을 위한 계획 또한 제시하려면 산업 전반에 걸친 이해와 기본 지식이 필요하다.

그러니 옛말에 '뭘 알아야 면장을 하지'라는 속담이 저절로 떠오를 때가 한두 번이 아니다.

올 들어 읽은 책들로는 〈지역만들기의 정치경제학〉, 〈트리플 버블〉, 〈밀림의 귀환〉, 〈지방소멸〉 등으로 이중에서도 〈지역만들기의 정치경제학〉은 읽은 후 느낀 바가 크다.

이 책은 지역 주민이 주체가 되는, 지역의 특성을 바탕으로 한, 수익이 지역 내로 재투자되는 지역 만들기에 대한 내용을 담고 있다.

책은 재투자 주체로서 신뢰할 수 없는 기업에 의존한 개발 정책은 위험도가 높다고 지적하고 있다. 따라서 지역에서는 이러한 리스크를 인지하고, 지역 내 재투자라는 순환형 경제 시스템을 갖추어 '지역력'을 만들어낼 수 있어야 한다고 말하고 있다.

또한 기업 투자유치, 경제 효과 및 고용효과를 양적 수치로만 예상하며 이를 정치적 구호로 내세우는 허상에 가까운 지역정책에서 벗어나야 한다고 경고한다. 지역 주민이 주체이며 지역의 특성을 기반으로 한 지역 만들기, 지역의 산업이 공동의 목표를 가지고 수익을 창출하고자 '산업연관'을 통해 지역 내 산업을 연결하는 지역 만들기가 중요하다고 강조한다.

최근 지방의 인구소멸과 관련하여 화두가 되고 있는 '기본소득'과 관련하여 고민을 하는 과정에서 다각적인 해법을 찾아보게 하는 길라잡이 역할을 하고 있다.

3부

그린(Green) '구례', 기본소득 '구례'!

“농어촌기본소득에 있어서 장기적인 안전망을 구축하는 데는 단지 정부의 지원에만 기대서는 역부족일 것이라는 판단이 앞선다. 농촌이 경제적으로 성장하고 삶의 질을 높이고자 한다면 ‘지역 발전’이라는 게 전제되어야 한다.
지역 개발은 외부에서 해당 지역을 개조하는 것을 의미하는 것이며 개발의 주체가 언제든지 자신들의 이익 여부에 따라서 멈출 수도 있고 떠날 수도 있다. 하지만 지역 발전은 지역 주민 스스로가 주체적으로 지역을 만들어가는 것으로 주체들의 능력 향상과 함께 한다.
주민이 직접 참여하는 순환경제를 만들기 위해서는 주민들의 역량을 높이는 교육과 참여를 통해 지역을 만들어가는 지역 발전이 필수다.”

– ‘기본소득! 우리가 만들자’ 중에서

예술로
더 단단해지는 공동체

'예술에는 경계나 차별이 존재하지 않는다. 오로지 평등만이 있을 뿐이다. 그리고 그것은 공동체를 키우는 힘이다'

누군가의 글에서 인용해 온 문구가 아니다. 쓰고 보니 내가 이런 말을 할 수 있다는 것에 대해 나 자신도 적잖게 놀랍다. 사실 유년 시절과 청소년기는 물론이고 청년기에도 예술과는 거리가 먼 사람으로 살아왔던 나였다. 물론 지금도 예술인은 아니다. 다만 내게는 9년째 취미로 즐기는 악기연주를 하다 보니 예술이 지닌 힘을 조금은 알 것 같다.

색소폰 연주를 즐긴다. 초기 의정활동 기간에는 나름 힘들었다. 그때나 지금이나 고민거리와 생각이 많고 시간을 쪼개가며 바쁘게 움직이는 것은 매한가지이지만 당시에는 쌓여가는 스트레스를 어떻게 풀어야 할지 대략 난감 그 자체였다. 그래서 2018년 10월 내 발로 직접 찾아간 곳이 색소폰 동아리 'G팝'이었다.

군에서 운영하는 교육문화 프로그램의 동아리가 아니었다. 색소폰을 배우고 즐기려는 군민들이 자체적으로 만든 동아리였기에 지도하는 강사비용도 회원들이 회비를 모아 지급하는 식이다. 음악을 공부한 적이 없었기에 처음엔 악기연주가 낯설기만 해서 잘 할 수 있을지 두려움이 많았다. 의외였다. 잘 하고 못하고는 다음 문제였고 일주일에 한 번씩 연습 활동에 참여하면서 가장 먼저 깨달은 것은 음악의 힐링 효과였다. 연습을 다녀오면 머릿속이 가볍게 비워지면서 맑은 느낌이고 나도 모르게 기분이 더 좋아지는 것을 느꼈다. 그러니 회원들과 만나서 연습을 하는 그날이 기다려질 수밖에. 그저 놀라울 따름이었다.

시간이 흐르면서 동아리 'G팝' 회원들의 연주 실력이 쌓이고 쌓여 수준급의 실력은 아닐지라도 나름 군민들에게 아름다운 선율을 들려줄 수 있는 버스킹을 할 정도가 됐다. 이런 사실이 입소문으로 번져나가면서 2023년부터는 버스킹을 해달라는 요청도 들어왔다.

역시 실전 무대는 달랐다. 실수도 있었고 음이 불안정한 적도 있었지만 우리 회원들은 버스킹 무대에 오르는 횟수가 늘어나면서 실력은 한층 더 올라갔다. 무엇보다도 가족과 이웃을 비롯해 각계각층의 군민들을 공연현장으로 끌어들이고 색소폰 연주의 선율에 모두가 하나로 호흡한다는 사실을 알게 됐다. 그제야 비로소 나는 음악을 포함한 모든 예술은 가진 자와 가난한 자, 기성세대와 청년세대, 남성과 여성, 한국인과 외국인, 일반인과 장애인의 경계를 허물고 공동체 문화를 만들어낸다는 사실에 눈을 떴다.

우리 색소폰동아리 활동은 최근 몇 년 새에 새로운 가치를 창출한다는 것도 깨달았다. 단풍축제, 산수유축제, 벚꽃축제 등 군에서 열리는 축제에 초대받아 연주를 하면서 우리 지역의 축제는 구례 군민 모두가 함께 참여하여 만들어갈 때 비용 절감, 주체의식 확립, 공동체문화 활성화 등 다양한 효과를 얻을 수 있다는 것을 알게 됐다. 일례로 연주나 공연을 할 수 있는 단체나 개인이 많을수록 군이 우리 군 행사에 비싼 돈 들여 연예인을 초청할 일은 없지 않은가.

최근 들어 문화예술 활동 참여인구가 부쩍 늘고 있는 추세다. 읍 면 지역별 자치단체서 운영하는 교육문화프로그램에는 라인댄스, 에어로빅, 난타, 기타 등등 다양한 프로그램들이 활발하게 운영되고 있으며 여기에 참여하는 군민들 또한 지역축제나 이벤트 무대 위의 주인공이 되고 있다. 군민들의 다양한 문화 예술 활동 붐이 우리 군의 예술의 향기를 더 깊어지게 만들면서 공동체문화를 이끄는 공신으로 거듭나고 있는 중이다.

지난 10월 29일 오후 경주 예술의 전당에서 열린 아시아태평양경제협력체(APEC) 최고경영자(CEO)서밋에는 그룹 방탄소년단(BTS) 리더 RM(본명 김남준)이 'APEC 지역의 문화창조산업과 K-컬처의 소프트파워'라는 주제로 연설을 하는 모습을 TV를 통해 봤다. 이와 관련해 언론에서는 RM의 연설내용을 앞다퉈가며 기사화했다. 그중에서도 내 눈을 잡아 끈 것은 바로 이 내용이었다.

지금은 세계에서도 손꼽히는 아티스트 그룹으로 전 세계 팬들의 인기와 사랑을 받고 있는 BTS가 한국어 노래를 들고, 영어권 시장에 진출했을 당시 언어와 문화 장벽이 너무 높았다고 한다. 그 장벽을 무너뜨린 것은 바로 전 세계 BTS 팬클럽인 아미(ARMY)였다고 했다. 아미들은 BTS 음악을 매개로 삼아 국경과 언어를 뛰어넘는 대화를 이었고, 이제는 새로운 공동체이자 팬덤 문화로 전 세계를 뒤흔들고 있다는 것이다. '문화적 연대'라는 순수한 힘으로 국경을 넘어 장벽을 흔들고 있으며, 그 국경 없는 연대와 관용 정신이 BTS에게는 끊임없는 창의적 영감의 원천이 된다는 얘기였다.

이미 알려진 대로 BTS 팬덤은 K컬처를 다양한 분야로 확산시키는 한류의 선구자 역할을 했으며 지금도 그 위력은 현재진행형이다. 실로 예술의 힘이 얼마나 큰지를 알게 해준다.

노래든 악기 연주든 춤이든 모든 예술은 사람과 사람을 하나로 묶어주는 위대한 힘을 지녔다. 우리 군민들이 참여할 수 있는 예술 프로그램의 종류가 더 다양해지고 누구든 1인 1예술에 참여하는 문화가 확산된다면 우리 구례 군민의 공동체 문화 또한 그 끈이 더욱 단단해지면서 예술의 향기로 삶의 질도 높아질 것이다. 물론 이런 미래를 앞당기기 위해서는 군의 행정과 재정적 지원 확대가 전제되어야 하는 만큼 앞으로 군을 이끌 수장의 문화예술에 대한 마인드와 철학이 중요한 몫을 할 것으로 판단된다.

의정활동은 사람과 사람을 맺어주는 일

3선 군 의원으로 의정활동을 해오는 동안 나에게는 나름 스스로 깨달으면서 내린 결론 두 가지가 있다. 하나는 '국회의원도 지자체장이나 의원도 '권력'을 행사하는 사람이 되어서는 절대 안 된다'는 것이며, 다른 하나는 '공동체를 성장시키는 행정을 해야 한다'는 것이다.

의원들의 활동을 가리켜 흔히 '의정활동'이라고 말한다. 지자체 의정활동의 경우 자신이 속한 지역사회의 곳곳에서 일어나는 다양한 일들을 주시하고 민생을 위해서 필요한 일에 자발적으로 나서서 지자체에서 무엇을 도와야 하는지 고민하고 그 해법을 찾아내는 일이다.

민생현장에서 일어나는 갖가지 불편하거나 어려운 일들로 인해 주민들이 곤경에 처하거나 힘들어하는 상황과 맞닥뜨리곤 한다. 문제는 아무리 안타까운 상황일지라도 법률적 근거가 없으면 행정으로서는 해결 불가능한 안타까운 일들이 한두 가지가 아니다. 그럴 때마다 일이 터지고 문제가 곪아진 후에야 의원으로서 목소리를 내어 조례를 만들어본들 때는 이미 지난 '사후약방문'이 될 수도 있다는 것에 자책감을 느끼기도 한다. 시간이 걸려서 뒤늦게 법적 근거를 만든다 한들 무슨 소용이 있겠는가.

개인적인 경험에 의하면 의원으로서 가장 빠르고 진정한 의정활동은 바로 이것이었다. 사람과 사람 사이의 고리를 만들어주는 일. 군민과 군민이 유기적으로 서로 협력하고 서로에게 도움이 되어 줄 수 있도록 돕는 일로 그것은 다름 아닌 공동체의 힘이 발휘될 수 있도록 하는 것이었다.

이를테면 어느 지역 홀몸 어르신 가정의 벽이 갈라지고 벽지가 뜯겨져 있다거나, 전등이 나갔다거나 담장이 무너졌다고 치자. 가장 빠른 해결책은 지역 봉사단체와 정보를 공유하고 그들로 하여금 도움을 줄 수 있도록 하는 것이다. 실제로 군 의원이 된 후로 유사한 일들이 있었고 공동체의 힘으로 빠르게 해결될 수 있도록 나름 역할을 했던 것 같다. 사실 이같은 일들을 행정으로 연결시키고자 하면 절차는 복잡하고 설령 해결방안이 있다고 하더라도 그것을 마무리짓기까지는 적잖은 시간이 소요된다.

어린 시절 공동체의 힘과 그 효과가 얼마나 큰 것인지를 직접 눈으로 보고 느꼈던 일들이 아직도 생생한 기억으로 남아 있다. 근면, 자조, 협동을 바탕으로 전국적으로 확산된 '새마을운동'이 그것이었다. 수해 예방을 위해 도랑을 치고 명절을 앞두고 동네 골목골목 청소를 할 때면 집에서 한 사람씩 나와 다 함께 참여하여 일을 마치곤 했다. 누구 한 사람만의 희생정신으로 하는 게 아니고 관에서 이래라저래라 하는 것도 아니었다. 동네 사람들이 공동체 삶을 위해 필요성을 실감하게 되면 자발적으로 일을 만들어 함께 해결하는 방식이었다.

군과 군민을 위해 봉사를 하겠다고 나선 군 의원이지만 나 한 사람의 힘만으로 감당해내기에는 경제적으로 물리적으로 역부족이거나 불가능한 일들이 부지기수다. 그럴 때마다 나는 지인들이나 지역봉사단체에게 알리고 공동체의 힘이 자연스럽게 모아지고 이를 통해 해결의 실마리를 찾고자 하는 입장을 취하곤 했다.

언젠가 한 사회운동가가 발표한 컬럼에서 '지금은 우리 사회가 공모사회에서 공동체사회로 전환돼야 할 때다'라는 내용을 접한 적이 있다. 공감이 가서 그 글을 읽고 또 읽었다. 그 내용을 요약해 보면 이런 것이었다.

"언제부터인가 지역사회 개선 발전 방향을 시민이 과제를 제안하여 공모하고 그 과제가 선정되면 일정 비용을 받아 추진하는 방식이 보편화됐다. 언뜻 보면 그 내용과 절차가 민주적인 방식이고 공동체 문화를 주도하는 것 같다. 같은 지역, 같은 주민이 동일한 목적으로 참여하는 자발적 활동이라는 점에서 그렇다. 하지만 그 속을 더 깊이 들여다보면 또 다르다. 일정 기간을 공고하여 공모를 하고 그것이 선정되면 정해진 기간 내에 사업과제가 진행되어야 하며 그에 따른 각종 서류를 제출해야 한다. 그리고 그 이름은 'A기관사업', 'B기관사업'이라는 이름이 붙어 있다. 결국 시민이 과제 전반을 주도하는 게 아니라 행정이 시민을 끌고 가는 식이다. 게다가 공모를 통해 선정된 사업이라 할지라도 그것이 모든 주민이 원하는 일이 아닐 수도 있다."

그래서일까. 종종 "누가 저런 일에 돈을 쏟아부으려고 했나?", "정작 필요한 일에는 관심도 없네"라는 식의 불만이 전국 각 지자체에서 심심찮게 새어 나오는 게 사실이다. 지역사회의 일을 공동체가 주도적으로 이끌어가는 게 아니라 공동체의 위에 공모행정이 있다는 사실을 꼬집게 하는 대목이다.

의정활동은 정부나 지자체 과제를 많이 따다가 안겨주는 것만이 전부가 아니며 그 과정을 통해 의원 개인의 실적이나 치적으로 남게 되는 것 또한 바람직하지 않다는 게 내 생각이다. 먼저 군민 한 사람 한 사람의 목소리가 모아져 공동체의 목소리가 되고 그것을 실현하기 위해 지역민이 다함께 참여하여 목표한 바가 이루어질 때 비로소 공동체사회의 꽃은 피어난다.

자고로 지자체 의원이라면 군민 한 사람 한 사람의 삶을 들여다보는 돌봄에 부지런해야 하며 공동체의 힘이 필요할 때는 사람과 사람, 사람과 단체를 연결시키주는 역할을 해야 한다. 여기서 더 나아가 행정적 지원이 필요할 때는 그 조치를 취하는 것이야말로 진정한 의정활동이 아니겠는가.

꿈나무들에게도 '경제 개념'을

각 나라마다 '성인식'이 있다. 국가마다 성인식 치르는 나이는 다르지만 의미는 같다. 아이가 아닌 어른이 되었으니 부모의 보호 아래만 머무르는 존재가 아니라, 사회에서 자신의 책임을 다해야 하는 나이가 됐다는 것을 의미한다.

각국의 성인식 중에서도 유대인의 성인식은 좀 독특한 점이 눈에 띈다. 나이와 축의금 문화다. 히브리어로 '율법의 아들'이라는 뜻을 지닌 이 의식은 소년의 경우 만 13세에 '바르 미쯔바(Bar Mitzvah)', 소녀는 12세에 '바트 미쯔바(Bat Mitzvah)'라는 이름으로 치러진다. 성인식을 치르면 교육의 주체가 부모가 아니라 하나님이며, 당사자는 율법을 스스로 지키고 공동체의 일원으로 책임을 다해야 한다. 이를 두고 일찌감치 '책임 있는 인간'으로 전환하는 중요한 교육적 장치라고 말하는 이들이 적지 않다. 그리고 또 한 가지 가족이나 친지 이웃은 성인식을 맞이한 주인공에게 세 가지 선물을 준다고 한다. 신앙과 지혜의 상징으로서 '성경책', 신간의 소중함과 책임으로서의 '시계', 그리고 실질적 도움과 재적정 책임으로서의 '돈'이다.

여기서의 돈은 우리의 결혼식 축의금과는 그 쓰임새가 좀 다르다. 돈의 가치를 이해하고 현명하게 사용하며 자신의 미래 경제를 위한 종잣돈으로 활용하고 더 나아가서는 타인과의 연대와 나눔의 가치를 담고 있다고 한다. 해외 각지에서 남다르게 부를 일구는 유대인들의 경제 개념을 느끼게 하는 대목이다.

자본주의사회에서 돈의 가치와 쓰임새에 대한 이해는 곧 경제를 대하는 각자의 자세로 이어진다. 그런 의미에서 나는 유대인들이 우리의 중학교 입학생 나이에 일찌감치 치르는 성인식에서 '돈'을 선물로 주는 것은 그들만의 문화이긴 하지만 나름 현명한 경제교육의 하나라고 여긴다.

근로소득만으로는 미래를 꿈 꿀 수 없는 시대다. 물가상승률은 3%에 달하고 한국은행에서 발행하는 화폐발행량(현 7%)이 늘어날수록 화폐가치하락을 만들어낸다. 결국 공무원임금인상율은 3% 즉 해마다 7%의 소득이 감소하는 상황에 놓이게 된다. 경제, 금융 제테크의 교육프로그램을 만들어 교육을 통해서 농어촌에 살아가면서도 미래를 꿈꿀 수 있는 금융교육을 실시하고 공직자와 지역의 청년들이 근로소득외에 자본소득을 만들 수 있는 교육이 중등학교 시절부터 이루어져야 한다.

삶의 모든 가치를 오로지 돈에 두어야 한다는 얘기가 결코 아니다. 현대를 살아가는 우리에게 경제는 피할 수 없는 현실이자 숙명이기에 경제 개념과 돈의 흐름을 아는 것은 곧 자신의 미래를 위한 공부나 다름없다고 여기기 때문이다.

어쩌다 보니 의도치 않게 4남매 부모가 됐다. 유년시절 사업을 하는 부친을 통해 돈이 자녀들의 학업이나 가정경제에 미치는 파장이 엄청나다는 것을 실감했던 이유도 있었고 아이들이 넷이나 되다 보니 넉넉하게만 키울 수 없었기에 아이들이 초등학교 입학 전후로 경제 개념을 심어주고자 노력을 기울였다.

이를테면 용돈을 스스로 버는 법, 또 돈을 허투루 쓰지 않고 저축하는 법, 그리고 저축한 돈을 효과적으로 사용하는 법을 알려주고자 용돈은 그에 상응하는 착한 일, 집안 일을 했을 때 지급하고 또 새 것을 사는 대신 재활용을 하면 그에 상응하는 용돈을 각자의 통장에 넣어주는 식이었다. 사남매는 초등학교, 중 · 고등학교 시절을 거치면서 용돈을 모아 저마다의 통장이 나름 두둑해졌다.

지금은 대학생이 되어 제각각 객지생활을 하는 그들은 급히 필요한 몇만 원 또는 몇십만 원 때문에 갑자기 연락을 하지 않는다. 통장에 비상금 이상의 돈이 있기 때문에 우선 급한 대로 자신의 돈을 사용한다. 부모에게 받아야 하는 명목상의 돈이라면 후에 받아가는 식이다.

가끔씩 아이들에게 돌아가면서 농담 삼아 이런 말을 하곤 한다.

"○○야! 아빠 돈이 필요한데 이백만 원만 빌려줄 수 있을까?"
"아빠 생일인데 ○○ 사주면 안 돼? 너 돈 많잖아."

자랑 같긴 하지만 20대 청년기를 보내는 우리 4남매 아이들은 또래들에 비하면 나름 경제 개념이 남다른 편이다. 10대 시절에도 돈을 허투루 사용해 부모로부터 꾸지람을 듣는 일이 없었다. 자신하건대 어린 시절부터 용돈 벌기와 저축, 절약에 대한 습관이 자연스럽게 길러졌기 때문이라고 본다.

농촌도 도시도 노동력 투자만으로 먹고 사는 시대는 지났다. 안전한 소득을 창출하고 유지할 수 있을 때 경제적 빈곤에 빠지지 않고 안정된 경제활동과 함께 주어진 삶을 안전하게 이어갈 수 있다. 그래서 생각하는 것이 초등학생, 중학생들을 대상으로 한 경제공부프로그램을 만들어 생행으로 옮겼으면 하는 바람을 갖고 있다.

학교별 또는 초등학교 중학교 단위로 나눠서 군 전체 학생들을 대상으로 교과목 외의 활동으로 금융업계 관계자나 기업 재무담당자들이 주기적으로 학교를 찾아가 경제상식과 논리를 가르치는 교육프로그램(가칭'열린 경제교실')을 운영하거나 년 1-2회 전체 학생을 대상으로 한 행사(가칭' 글로벌마켓')를 기획하여 물건을 팔고 사는 실물경제 체험은 물론이고 다양한 이벤트를 통한 경제공부 한마당 축제를 여는 것도 좋겠다는 생각을 한다.

기본소득!
우리가 만들자

'기본소득'이 화두다. 인구감소, 고령화로 인한 농어촌이 소멸 위기에 처한 것은 익히 알려진 사실이다. 현 정부는 출범 당시부터 이 문제에 주목했고 대통령 공약으로 내세웠다.

농어촌기본소득 시범사업은 고령화와 인구 감소로 위기에 놓인 농촌 주민의 생활 안정과 지역경제 순환을 위해 선정 지역 주민에게 2년간 매달 15만 원을 지역사랑상품권으로 지급하는 것이 골자다.

정부는 '농어촌 기본소득 시범사업'을 국정과제의 하나로 추진 중이다. 농림축산식품부는 지난 10월 2026~2027년 농어촌 기본소득 시범사업 대상지로 경기 연천·강원 정선·충남 청양·전북 순창·전남 신안·경북 영양·경남 남해 등 7개 군을 선정했다. 당초 이 시범사업에는 인구감소 지역 69개 군 중 49개 지자체가 신청한 것으로 알려졌다. 전북 장수·진안, 전남 곡성, 충북 옥천, 경북 봉화의 경우 1차 서류심사를 통과했지만 최종 선정에서 탈락하면서 해당 지역민들의 원성이 높아지고 있다는 소리가 들려온다.

오늘의 국내 현실과 미래를 내다볼 때 '농어촌 기본소득'은 대다수의 농어촌 지역에서 절대적으로 요구될 수밖에 없다는 게 나의 생각이기도 하다.

농촌의 삶은 농업을 기반으로 이어져 왔지만 급격한 산업화와 도시화로 인해 농촌인구는 지난 50여 년 간 도시로 이동했고 그들이 흘린 땀방울은 도시민들의 에너지가 되고 그 에너지는 대한민국을 성장시키는 원동력이 되었다. 또 남아서 고향을 지킨 이들은 지금까지 이 나라의 농촌을 지키면서 식량안보를 위한 일꾼으로서 중요한 버팀목 역할을 해왔다.

우리의 현실을 직시해 보자. 이제는 농업 소득만으로는 농촌에서 살아갈 수 없는 구조적 자본주의의 결함이 발생하면서 도시와 농촌의 소득 격차는 좁히기 어려운 게 현실이다. 농어촌기본소득이야말로 농민들의 희생에 대한 보상받을 수 있는 유일한 방법인 셈이다. 또한 이러한 정책은 지역경제를 활성화시키는 데 영향을 미칠 것이다.

다만 농어촌기본소득에 있어서 장기적인 안전망을 구축하는 데는 단지 정부의 지원에만 기대서는 역부족일 것이라는 판단이 앞선다. 농촌이 경제적으로 성장하고 삶의 질을 높이고자 한다면 '지역 개발과 지역 발전'이라는 게 전제되어야 한다. 하지만 지역 개발은 외부에서 해당지역을 개조하는 것을 의미하는 것이며, 개발의 주체가 언제든지 자신들의 이익 여부에 따라서 멈출 수도 있고 떠날 수도 있다. 하지만 지역 발전은 지역 주민 스스로가 주체적으로 지역을 만들어 가는 것으로 주체들의 능력 향상과 함께 한다.

그렇다면 '지역을 개발할 것인가?' 아니면 '지역을 발전시킬 것인가?'에 대한 결정이 내려져야 한다, 이 정책적 결정에 의해서 지역공동체의 미래가 달려 있다. 나는 후자인 '지역 발전'이 우리에게 희망을 안겨줄 수 있는 미래라는 입장이다. 주민이 직접 참여하는 순환경제를 만들기 위해서는 주민들의 역량을 높이는 교육과 참여를 통해 지역을 만들어가는 지역 발전이 필수다. 따라서 우리 군의 기본소득 예산을 만들기 위한 방안은 바로 지역 발전을 위한 우리 군민이 주체적으로 이끌어야 하고 단합이 우선돼야 한다.

누군가는 "단합만 잘 되면 밥이 나옵니까? 돈이 나옵니까?"

라고 푸념을 내놓을 수도 있다. 나의 견해로서는 지역 발전에 생각과 힘을 합치는 단합만 있으면 얼마든지 우리 군의 미래는 기본소득을 자체적으로 해결할 수 있다는 입장이다.

일례로 구례군은 전기를 가지고 있고 AI시대의 필수요건인 데이터센터 구축을 희망하는 기업은 안정된 전기 공급을 원한다는 전제하에서 현실적으로 가능한 일이다. 군은 전력을 필요로 하는 기업을 유치하여 기업과 지역이 각자의 목적 달성을 위한 시너지 효과를 발휘할 수 있는 파트너로 만들어가는 것이다.

이쯤에서 우리 군은 정부의 '분산형 에너지 체계의 구축' 계획에 주목해야 한다. 정부는 전력망 수용 능력 확보를 위해 '에너지 고속도로 추진'이라는 과제를 내걸고 2036년까지 총 56조 5,000억 원 규모의 '제10차 장기 송 · 변전 설비계획'을 2023년 4월에 수립했고, 2036년까지 송전선로 길이를 3만 5,596㎞에서 5만 7,681㎞로 1.6배, 변전소 수는 900개에서 1,228개로 1.4배로 늘릴 계획이었다. 이 계획에는 2032년 12월 준공 목표로 광양 변전소에서 신 장수 변전소까지 99Km 구간의 345㎸ 특고압 송전선로가 포함되어 있으며, 이 송전선로가 구례를 지나게 되어 있다는 사실이다. 이어서 지난 2월엔 '에너지 고속도로' 사업에만 치중된 '제11차 장기 송 · 변전 설비계획'도 발표됐다.

하지만 현 정부가 들어서면서 전기를 지역에서 생산하고 지역에서 소비하는 새로운 에너지 패러다임으로 지역 균형 발전을 도모하기 위해 '분산형 에너지 체계의 구축'이 제시됐다. 막대한 전력을 수도권으로 공급하기 위해 초고압탑이 필요한 송전선로를 건설하거나 막대한 비용이 드는 지중화 등을 진행하는 것보다 각종 산업을 지역에 분산시키는 게 사회적 비용도 적게 들고 국토균형 발전의 지름길이라는 것이다.

내년부터 「분산에너지 활성화 특별법」에 의해 '지역별 전기요금 차등제'가 시행된다. 당초 정부는 올해 수도권 · 비수도권 · 제주 3권역에 대한 전력 도매가격 차등제를 도입하고, 내년에는 지역별 소매요금제까지 확대한다는 계획이었으나 일부 지역에서 역차별 논란을 제기해 시행 시기가 미뤄진 상황이다. 지역 구분을 더 면밀하게 하고, 실제 자급률과 수요를 반영해 세밀한 기준을 마련하여 조속한 시행이 요구되고 있다.

이에 따라 나는 지난 10월 군 의회 '5분 발언'을 통해 지역 · 산업 · 세대 그 어느 분야에서도 소외와 희생이 발생하지 않는 에너지 분권, 에너지 정의가 실현되는 대한민국을 만들되 수도권과 지방이 함께 상생하는 방향으로의 에너지 정책 전환을 다시 한 번 요구한다는 의견을 발표했다.

"정부의 계획 때문에 송전선로 경과지에 거주하는 전국의 많은 주민들이 어려운 상황에 처하게 되었습니다. 구례의 어느 지점과

상공에 특고압 송전탑과 송전선로가 설치되어야 한다고 정부가 이야기하고 있는 상황입니다. 타 지역의 경우 벌써부터 갈등 상황이 나타나고 있기도 합니다. 모두에 말씀드린 대로 피하기도 어렵고 받아들이기도 참으로 난처한 문제입니다. 난마처럼 얽힌 이해관계 때문에 지역 내의 갈등과 불화가 예상됩니다. 하지만 구례 군민의 지혜를 모아 반드시 돌파해야 할 문제입니다.

이 땅을 지키고 사는 우리의 과제이기 때문입니다. 어렵긴 하지만 주민 사이, 그리고 기관 사이의 의견 조율 역할을 저를 포함한 의회가 적극 나서겠습니다. 전력 자급률 불균형 문제 해결과 '송·변전설비계획'의 재검토를 통해 에너지 분권을 요구하고 구례에 닥친 송전선로 건설 문제의 지혜로운 해결을 바라는 마음입니다."

최근, 반도체 클러스터 조성과 AI산업 확대로 인해 수도권에서 전력 수요가 급격히 늘어나고 있으나, 태양력 · 풍력 등 재생에너지 생산지는 영 · 호남 지역에 편중된 상황이다. 향후 재생에너지 생산이 확대될 것으로 전망되는 가운데, 전력망이 적시에 구축되지 않을 경우에 송전선로 병목현상이 더욱 심해질 것으로 예측되고 있다.

전국 재생에너지 발전량은 '25년 39GW에서 '38년 121GW로 확대(제11차 전력수급기본계획)돼 기존의 송전선로로 호남권에서 수도권으로 갈 수 있는 전력은 4.5GW에 불과해, 전력망이 적시에 구축되지 않으면 '36년 호남권 잉여전력이 58.5GW에 달할 전망이라고 한다.

이같은 현실은 우리 구례군에게 기본소득 정책을 우리 자체적으로 계획하고 실현시킬 수 있는 좋은 기회가 될 수 있다는 생각이다,

성공한 경제인들이 공통적으로 하는 말이 있다. 기회는 누구에게나 오지만 그것을 놓치지 않고 적시에 잡는 것이 중요하다고. 우리 군의 미래는 우리에게 다가오는 기회를 놓치지 않고 잡는 것에 달려 있다. AI는 전 세계적으로 산업을 이끄는 대세가 됐고 그로 인해 데이터센터 구축은 필수다. 우리 구례군에 데이터센터와 같은 시설물을 유치하여 구례에서 생산되는 재생에너지를 활용케 하고 그로 인해 발생되는 수익을 기업과 지자체가 효율적으로 분배할 때 우리 군의 기본소득은 '따 놓은 당상'이라고 본다. 무엇보다도 데이터센터의 경우 '공해 없는 산업'이라는 점에서 우리 군으로서는 더욱 매력적인 비즈니스가 아닐 수 없다.

워케이션과 디지털 노마드, 이렇게 흡수하자

최근 몇 년 새 전 세계적으로 새로운 트랜드를 이끄는 용어가 있다. 젊은층에게는 이미 빠르게 확산되며 익숙해진 용어이지만 기성세대나 일반인들에게는 다소 낯선 언어다. '디지털 노마드(Digital nomad)'와 '워캐이션(Workcation)'이다.

'디지털 노마드는 스마트폰, 노트북, PDA 같은 디지털 장비를 휴대한 채 자유로운 공간에서 일하는 방식으로 국내는 물론이고 국경을 넘어서도 원하는 곳이라면 어디서든지 일할 수 있는 사람들을 말한다. 이를테면 독일에 본사를 둔 IT엔지니어가

유럽은 물론이고 한국 대만 같은 아시아 국가에서 1년, 2년씩 머물면서 일하는 식이다. 이미 세계 60여 개국이 단기 관광비자와 달리 원격 근무를 하려는 외국인에게 장기 체류를 허용해 주는 '디지털 노마드 비자'를 발급하고 있으며 우리나라도 작년 1월부터 시범사업을 시행중이다. 지역의 경우 이들을 끌어들일 경우 생활인구의 증가에 따른 인구소멸 억제와 경제 효과는 물론이고 관광 활성화 효과도 크다.

'워케이션(Workcation)'은 일(work)과 휴가(vacation)의 합성어로 이미 국내 기업들도 시행하고 있는 휴가지에서의 업무를 인정하는 근무 형태다. 회사에서 지급한 컴퓨터로 일을 하며 업무 시작과 종료 시간을 보고하며, 나머지 시간은 자유롭게 활용한다. 이 기간은 유급휴가로 계산되지 않고 정상근무로 처리된다. 일과 휴식의 조화, 즉 워라벨(워크 앤 라이프 밸런스:Work and Life Balance)'을 중시여기는 젊은 세대에게는 더할나위 없이 좋은 근무 형태인 셈이다. 이에 따라 이미 제주도의 몇몇 지역은 몇 년 전부터 직장인들의 워케이션의 성지로 자리매김한 상태다.

천혜의 자연환경을 갖춘 우리 구례야말로 내국인은 물론이고 해외의 디지털 노마드까지 찾아와 머물 수 있는 최적의 장소가 아닐까 싶다. 또 국내 직장인들의 워크숍이나 워케이션의 장소로도 최적지다. 일부 국내 대형사찰의 템플스테이 인원의 대다수가 외국인으로 채워질 만큼 인기를 끌고 있는데다 직원들에게 워케이션을 부여하는 기업들이 갈수록 늘고 있다는 사실은 그 가능성에 힘을 실어주기에 충분하다.

그렇다면 우리가 해야 할 일은 무엇일까? 그들이 장기간 체류하는데 불편함이 없는 숙소를 확보하고 여타 편의 시설을 만드는 일과 홍보다. 이중에서도 무엇보다도 중요한 것은 숙소다. 이미 발빠른 지자체들은 디지털 노마드족과 워케이션 직장인들을 끌어들이고자 문 닫은 모텔이나 농가주택을 개조한다는 얘기를 들은 적이 있다. 우리 군의 경우 현재 우리가 보유하고 있는 자산을 잘 활용하는 방법은 어떨까 싶다.

생활인구가 될 그들의 숙소로 내가 주목하는 것은 구례목재체험관의 역할 확대다. 구례군 간전면 간전중앙로 601번지에 자리한 이곳은 우리 생활 속 목재의 쓰임새, 목재의 생산과정, 목재의 종류 등을 한눈에 알아볼 수 있는 목재체험관이다. 다양한 전시물과 함께 목재를 활용한 생활 공예품, 놀이기구, 학습도구 등 목제품을 직접 만지고, 느끼고, 만들어 볼 수 있는 체험이 있고, 전문적, 체계적, 정기적인 목공 교육을 할 수 있는 공간의 장도 마련되어 있다. 그렇다면 성인들을 대상으로 한 목조주택 짓기 프로그램을 마련하여 전문성을 강화하고 체험실습생들이 지은 목조주택을 디지털 노마드족과 워케이션 직장인들의 주택으로 활용하는 것은 어떨까?

이 방법이야말로 세 마리 토끼를 한 번에 잡는 좋은 전략이 될 거라는 확신이 선다. 우리 군은 풍부한 산림자원이 있으니 그 자원을 활용하고 현재 운영 중인 체험센터가 있으니 프로그램을 확대 운영하면 그 과정에서 숙소는 자연스럽게 확보될 수 있다. 디지털 노마드족과 워케이션 직장인들로서는 더없이 좋은 명품 공간으로 적극 환영할 일이다.

새로운 시도라고 해서 다 신선하고 희망적인 결과를 보장받긴 어렵다. 하지만 우리가 이미 갖고 있는 유무형의 자원을 적극 활용하여 더 큰 가치를 창출하는 일이야말로 우리 지자체가 향후 지향해야 할 길이 아니겠는가.

물론 숙소 확보와 함께 편의시설 인프라와 대외 홍보에도 구체적인 전략을 세워야 할 것이다. 시작이 반이라고 했다. 물과 숲 그리고 역사와 전통이 함께 숨 쉬는 우리 구례를 디지털 노마드들의 성지로 워케이션 직장인들의 워라벨 현장으로 만드는 일은 그리 어려운 일만도 아니다. 군과 군민들이 소통의 장을 통해 이 프로젝트를 공론화시켜 최선의 방법을 찾아내고 합의를 도출하면 될 일이다.

전통문화와 예술은 대대손손 이어져야 한다

전라남도를 가리켜 흔히 '예향(藝鄕)'이라고 칭한다. 그만큼 전통 예술을 즐기는 사람이 많고 예술가도 많이 배출한 고을이기 때문에 붙여진 이름일 터이다. 남도의 동쪽에 자리한 우리 구례는 누가 뭐래도 '예향'이라는 대명사가 잘 어울리는 곳 중의 하나다. 이미 우리는 '동편제'와 '잔수농악'의 본고장으로서 그 자존감을 자랑하고 있지 않은가.

동편제는 섬진강을 중심으로 전라도의 동쪽 지역에 전승되는 판소리 소리제로 전라도 동부 지역에 전승되는 소리라 하여 '동편제'라고 부른다. 섬진강을 중심으로 동편 지역인 구례를 비롯해 운봉, 순창, 흥덕 지방 등을 중심으로 이어져 왔으며 청담하며 호령조가 많은 우조 분위기의 판소리가 특징이다.

구례 잔수농악은 지역 분류상 호남좌도농악에 속하는 농악으로, 2010년 10월 21일 국가무형문화재 제11-6호로 지정된 그야말로 우리 군을 대표하는 문화재다. 구례군 구례읍 신월리 신촌 마을에서 전승되는 농악으로 농악 자체에 그치는 것이 아니라 마을을 이끌어 가는 중심축으로서의 역할을 해왔다는 점에서 그 문화적 가치가 남다르다는 평가를 받고 있다. 실제로 신촌 마을사람들의 경우, 농악에 대한 대단한 자부심과 함께 애정과 긍지를 함께 느끼고 있다는 사실이 널리 알려져 있기도 하다.

근래 들어 동편제와 구례잔수농악에 이어 구례를 대표하는 음악예술로 거듭나고 있는 것이 또 하나 있다. '호남여성농악' 이다. 호남여성농악단의 마지막 상쇠인 유순자 선생은 2012년 전남 구례에 호남여성농악보존회를 설립했고 이 단체가 여성농악의 계승 발전과 후진 양성을 위해 활발히 활동한 결과 지난 2022년 12월에는 '전라남도 무형문화재 제65호'가 됐다. 이에 따라 군에서는 호남여성농악을 육성 · 발전시키기 위해 악기나 연습경비 등을 지원하고 있고, 국가 무형문화재 지정을 위해 다각적으로 노력하고 있는 중이다.

이쯤 되면 우리 구례가 '예향의 고장'이라는 자랑을 맘껏 해도 결코 낯설지 않으며 '구례사람'이라는 사실만으로도 어깨가 으쓱해지는 게 사실이다. 나 또한 동편제 한가락 시원하게 내뽑거나 잔수농악단에 직접 참여해 보진 못했지만 그래도 내가 나고 자라고 지키고 있는 고향이기에 타지 사람들과의 자리에서 기회만 있으면 목소리 높여 보고 들은 얘기를 풀어놓곤 한다.

다만 걱정과 함께 아쉬움이 크다. 그것은 다름 아닌 100년 후에도 우리 것을 잘 이어가야 할 텐데 그러려면 지금보다는 더 활성화시키고 잘 보존해야 한다는 것에 대한 고민과 또 한 가지 우리 고장의 대표 예술이라고 한다면 적어도 우리의 후손들이 함께 참여하여 계승자나 보존회 회원이 아닐지라도 흉내는 낼 수 있어야 하지 않겠냐는 것이다. 더욱이 동편제, 구례 잔수농악, 호남여성농악이 단 몇십 년에 완성된 예술이 아니라 아주 오랜 세월을 거슬러 올라오면서 그 맥이 이어졌다는 점에서 볼 때 어깨가 무거워진다.

분야마다 이수자, 후계자, 전승자, 보존회는 있다. 다만 지역에서 수 백 년 이어져온 문화와 예술은 어느 누구 한 사람만이 그것을 지키고 보존한다고 해서 빛이 나진 않는다. 남녀노소 누구나 그 지역 사람들이라면 수시로 접하고 전통음식을 먹듯이 지역민의 일상에 녹아 들어가야 한다.

우리 고장에서 현재 동편제와 농악을 배우는 이들은 대다수가 장년층이 주를 이룬다. 현직에서 은퇴한 시니어들 중 취미로 배우고자 하는 이들도 늘고 있지만 무엇보다도 아쉬운 것은 지금 자라나는 아이들과 청소년세대들에게 우리가 그 맥을 이어줘야 하는데 현실은 그렇지 못하다는 것이다.

언제까지 미련으로 남겨야 할 일이 아니라는 게 나의 판단이다. 우리 것을 후세들에게 확산시키는 방법이 없다면 만들면 된다. 초·중·고생을 대상으로 학교 음악교과목에 커리큘럼으로 포함시키는 것도 좋고 방과 후 수업이나 활동을 통해 보다 많은 학생들이 동편제와 잔수농악, 그리고 여성농악을 접할 수 있도록 교육의 폭을 넓혀야 한다고 본다. 또 대회나 발표회를 통해 우수 학생을 발굴하고 장학금도 지급하는 등 군 차원에서의 노력이 필요하다는 생각이다.

올 초 나는 우리 군의 장인과 예술인을 체계적으로 발굴 육성하고 전통문화를 보전하기 위해 지자체 최초로 '명인 명장 육성 및 지원에 관한 조례'라는 조례를 대표 발의하여 조례가 완성됐다. 올해는 부채 장인 김주용님과 국악 장인 김영택님 두 명을 장인이 선정됐다. 구례군 국악 명인 제1호인 김영택 명인은 호남의 대표 농악인 '구례잔수농악(국가중요무형문화재 제11-6호)' 이수자이기도 하다. 두 사람의 명인이 선정되어 발표되던 날 나름 뿌듯함과 동시에 자부심을 느꼈다. 우리 군의 문화예술 발전을 위한 일에서 하나의 획을 그었다는 만족감 때문이었다.

다짐하건대 나는 향후 어떤 자리에서든지 군의 발전을 위한 일에 참여할 것이고 앞장설 것이다. 구례의 전통문화예술을 보존하고 확산시키는 일은 그 대표적인 일 중 하나가 될 것이다.

수요에 발 맞추는 행정

대도시에서 점포 창업 컨설팅을 하는 지인이 말했다. 창업 후 1년도 못 버티는 창업자들의 공통분모 세 가지에 대해서.

- 자신이 잘 만드는 음식이 아니라 유행하는 아이템을 택한다.
- 아이템을 빨리 결정하고 철저한 시장조사 없이 빨리 오픈한다.
- 자신의 취향에 맞춘 매장 인테리어를 한다.

사실 창업 전문가가 아닌 일반인 일지라도 이런 식의 창업이라면 실패확률이 높을 수밖에 없다는 공감이 가고도 남는 얘기다. 아무리 입지조건이 좋을 지라도 음식이든 일반 소비재이든 수요자의 욕구에 부응하는 상품이어야만 시장에서 성공할 수 있는 것은 당연한 논리다. 그럼에도 불구하고 자기중심적 사고에서 벗어나지 못하면 결국 실패하기 마련인 것이다.

최근 들어 행정도 '대 국민 서비스'라는 슬로건을 내걸고 국민의 기대치에 부응하겠다고 목소리를 내고 있다. 하지만 정작 국민이 체감하는 현실은 그렇지 못한 일도 비일비재하다. 지자체 행정은 어떨까? 오랜 기간 익숙해진 사고로부터 벗어나기란 쉽지 않다.

50대 중반인 나를 기준으로 삼아볼 때 부모님 세대인 기성세대와 우리 세대는 다르다. 그렇다면 지금의 20, 30 청년과는 달라도 아주 많이 다르다. 하지만 세대 간의 소통이나 관계 속에서 '다름'은 틀린 것이 아니라 그 자체를 인정하는 것이야말로 관계의 출발선이다. 다만 사회활동 속에서 갖게 되는 인간관계일 때만 유효하다.

지자체 행정을 이끄는 수장 입장이라면 얘기가 달라진다. '내 경험과 생각에 의하면 이게 맞으니 나를 따르라'는 식의 방법은 그야말로 30년 전 구태의연한 행정 방식으로 소통의 단절을 만드는 표본이다. 군민들로부터 환영받지 못할 게 불을 보듯 뻔한 일이다.

이제는 달라져야 한다. 예를 들어 지역민을 위한 문화시설을 건축하고자 한다면 설계 이전에 '주민 여러분들의 의견을 적극반영하겠습니다. 의견을 주십시오'라는 전제하에서 건축 설계가 추진되어야 한다. 그럼에도 불구하고 현실은 공급이 수요의 욕구를 아예 무시하거나 건너뛰고 진행되는 일은 자자체 곳곳에서 비일비재하게 발생한다. 그러니 '전시행정' 또는 '탁상행정'에서 여전히 벗어나지 못하고 있다는 얘기를 듣는 게 아닌가 싶다.

모두의 공감대를 얻을 수 있는 행정은 모름지기 세대, 계층, 성별 간의 서로 다른 차이, 즉 '다름'에서 발생하는 간극을 없애야 한다. 해당 지역 구성원들로부터 갈등과 오해의 소지를 불러오지 않을 수 있는 최선의 방법이다. 그래서 무엇보다도 중요한 과정이 정책이나 계획을 실행함에 있어서 먼저 공론화 과정을 거치는 것이 필수다. 모두의 욕구를 충족시키는 완벽한 방법은 아닐지라도 갈등과 불만을 어느 정도 완화시킬 수 있으며 협치를 일궈낼 수 있다.

지난 12년 간 의정활동을 하면서 다양한 경험을 했고 행정의 민낯도 들여다볼 수 있었다. 그중에서도 가장 지켜보기 힘들면서도 의원의 한 사람인 내 힘으로 할 수 없는 한계 중 하나는 바로 수요 측의 입장을 헤아리지 못하고 일방통행으로 직진하는 행정을 그저 한숨 쉬며 바라볼 수밖에 없을 때였다. 그럴 때마다 그것들은 결국 수요의 불만족으로 이어졌다. 사실 시작부터 불협화음이 새어나올 일이었건만 막을 만한 힘이 부족했던 나 자신이 원망스럽기까지 했다.

행정의 결과가 환영받지 못하는 것은 수요의 입장에서 충분히 검토하고 공론화를 통한 사회적 합의가 없었다는 얘기다. 여기에는 세대 차이에서 나타나는 공급자 중심의 사업추진이 대표적인 원인이기도 했지만 한 가지 더 꼬집는다면 속도 중심의 추진도 문제였다. 이런 경우 행정의 수장인 내가 생각하고 계획한 대로 최대한 빠르게 추진하여 결과물을 보여주기 위한 '치적 쌓기'였다는 지적을 피해갈 수 없게 되는 셈이다.

공공정책일수록 또 공공시설물 건립일수록 개인적인 사고와 의지로 이끄는 공급자 중심이 아닌 수요자 중심으로 추친되어야 한다. 공론화를 통한 소통이야말로 그 첫 계단이라는 게 나의 지론이다. 군의 행정을 이끄는 수장이 바로 나라면 나는 이 방식을 선택할 것이다. 협치와 사회적 합의를 통해 공급과 수요 양자가 하나가 되는 길을.

'석주관 칠의사'와 '선교사 유적지' 성역화와 명소화

역사를 대변하는 사적지의 중요성은 굳이 말을 하지 않아도 안다. 그곳이 자랑스러운 호국 역사를 직접 체험하고 올바른 역사관과 호국정신을 함양할 수 있는 곳이라면 더더욱 잘 보존하여 후세들에게 그 교훈이 이어지도록 해야 하는 것은 당연한 일이다. 이 때문에 우리 지역에서는 이미 20여 년 전부터 지역 유지와 선배님들로 '석주관 칠의사'의 성역화가 필요하다는 말이 새어 나왔지만 그간 변화가 없이 그대로다.

해마다 이곳에서는 '추향제'를 지낸다. 지난해도 11월 4일 구례군과 지역 유림, 칠의대대 군인들 그리고 주민들이 함께 참여한 가운데 엄숙히 진행되었다. 석주관에서 열리는 칠의사와 의승병 추향제는 단순한 제례가 아니라 민족의 혼을 잇는 약속의 자리다.

석주관 칠의사는 구례군 토지면에 있는 조선 후기 정유재란 당시 석주관 전투에서 전사한 7인 관련 무덤으로 1963년 사적으로 지정되었다. 이곳은 구례와 경상남도 하동을 잇는 지리산의 요새로, 임진왜란 직후에 호남의 안전방어를 위하여 성을 쌓았던 곳이기도 하다.

석주관 칠의사의 역사는 1597년으로 거슬러 올라간다. 그해 9월과 11월, 일본군이 섬진강을 따라 구례, 남원, 전주 등을 점령하고 백성들의 귀와 코를 베어가는 등의 만행을 저지르자, 칠의사(七義士)와 구례의 의병, 그리고 화엄사 승병들이 온몸으로 맞섰다. 이듬해인 1598년(선조 31) 또다시 하동으로부터 큰 무리의 왜병이 쳐들어왔고 의병들은 결사적으로 대항하였으나 병력의 열세로 왕의성을 제외한 모든 의병들이 전사하고 말았다

칠의사는 구례의 선비 왕득인 의병과 그의 아들 왕의성을 비롯해 양응록, 오종, 고정철, 한호성 이정익 등의 의병들로 이들은 당시 무기를 공급받을 수 없어 나무를 베고 바위를 옮겨 길목을 차단하고 기습과 백병전으로 여러 차례의 전공을 올렸다고 한다. 이에 1805년(순조 5년) 조정에서는 7인의 의사에게 각

각 관직을 추증했고 근대 들어 1946년 지역의 인사들이 칠의각(七義閣)과 영모정(永慕亭)을 지어 의사들의 공훈을 추모하기 시작했다

이곳이야말로 우리의 미래 세대에게 우리 고장 구례의 정체성 확립을 위한 역사의 산 교육현장이 되어야 하건만 대외적으로는 홍보가 덜 되어 타지인들은 '그런 곳이 있었냐?'는 식이고 이는 행정에서 적극적으로 움직이지 않은 부끄러운 결과이기도 하다. 그러니 언제까지 이 상황을 지켜만 볼 수는 없는 입장이다.

구례의 역사에서 또 한 곳 빼놓을 수 없는 현장은 다름아닌 '왕시루봉 선교사 유적지'다. 지난 2013년 제10회 한국내셔널트러스트 보전대상지 시민공모전에서 '꼭 지켜야 할 자연 · 문화유산'으로 선정된 이곳은 한국 땅에 뿌리내리고 적응해가던 이국인들의 생활상을 엿볼 수 있는 귀중한 문화인류학적 사료로 우리 구례군으로서는 종교를 떠나 보존할 필요와 가치를 지닌 곳이다.

왕시루봉 선교사 유적지는 의사 출신의 정치인 인요한 의원의 아버지 휴 린튼 선교사가 지리산이 국립공원으로 지정되기 8년 전인 1962년 말라리아, 학질 등 풍토병에 취약한 선교사들의 질병 치료와 휴식, 재충전을 위해 왕시루봉에 수양관을 지은

곳이다. 그에 앞서 1921년 미국 남장로회 한국 선교부는 지리산 노고단 인근에 수양관 50여 채를 지었지만 6 · 25전쟁과 태풍으로 훼손되면서 이곳으로 자리를 옮기게 됐다고 한다.

현재 왕시루봉에는 수양관과 채플실, 창고 등 12개 시설이 남아 있으며, 유적지는 서울대 소유로 돼 있고 ㈔지리산기독교 선교유적지 보존연합에서 관리하고 있다.

건축 전문가들에 의하면 왕시루봉 수양관 주택들이 외국의 건축양식을 접목한 보기 드문 건축학적 가치를 지니고 있다고 한다. 1950년대 북미식 오두막 건축양식이 돋보이는 '샤롯데 벨 린튼 가옥'과 억새를 이용해 지붕을 이은 영국 농촌주택 양식의 '배도선 가옥', 일본 농촌주택 기술을 활용한 '인휴 목사 가옥', 노르웨이 건축양식을 지닌 '도성래 가옥' 등이다. 유적지 건물들은 주변의 재료들과 당시 현황에 맞는 공법과 창법을 최대한 활용해 만든 건축물이기에 한국 근대화 건축사적으로 보존가치 또한 큰 것으로 알려진다.

다만 왕시루봉 선교사 유적지는 국립공원 보존지역에 자리해 있어 이전을 통한 보존관리는 불가능한 것으로 알려진다. 그렇다면 ㈔지리산기독교 선교유적지 보존연합의 숙원사업이자 더 나아가 구례군의 명소가 될 수 있는 '선교사역사유물관'을 유적지와 근거리에 있는 장소에 건립하는 것은 그만한 충분한 가치가 있는 일이다. 물론 문화유산청과 국립공원관리공단, ㈔지리산기독교 선교유적지 보존 연합, 구례군 등 다자간의 긴밀한 협조와 절대적으로 필요한 일이지만 그렇다고 우리 지역 내에 있는 귀중한 문화유산을 숨은 그림자처럼 남겨둘수는 없지 않은가.

'석주관 칠의사'와 '선교사유적지'는 구례의 역사 유적지로서의 소중한 가치는 물론이고 '호국정신 함양의 현장'과 '기독교의 성지'라는 각각의 존재 의미를 갖고 있다. 여기에 이 두 곳의 명소화가 이루어지면 그 기본 정신을 이어가는 것은 물론이고 우리 군으로서는 더 많은 관광객을 흡수하는 관광자원으로서의 가치 또한 적지 않다. 그러니 나로서는 우리 군을 위해 꼭 실현시키고 싶은 일 중 하나로 삼고 있다.

지역농산물 살리는 제값 받기 전략 '구례 푸드 플랜'

'청정지대' 구례의 이미지는 먹거리부터 시작된다. 산수유를 비롯해 밤, 감, 오이, 애호박, 매실, 콩, 감자 등은 구례가 지닌 천혜의 환경조건을 그대로 받고 생산돼 건강을 안전하게 지켜주는 친환경 농산물로 인정을 받는다.

그럼에도 불구하고 지난 이십여 년간 마음 한구석은 늘 내가 해야 할 숙제를 하지 못한 듯한 불편한 마음을 안고 보내왔다. 그것은 다름아닌 '농산물 제값 받기 프로젝트'를 추진하지 못하고 있다는 것이다.

우리 지역에서 생산되는 친환경콩으로 친환경 농법에 의해 재배되고 기업(아이쿱)과의 계약에 의해 안전한 유통망을 확보하고 있다. 감자는 남쪽지방의 기온을 이용하고 하우스 시설을 하여 재배하기 때문에 조기 출하를 통해 경매로 판매하면서 높은 가격을 받고 있다.

또 특정 작목을 중심으로 유통 부문을 공동화하여 대경영의 유리성을 실현하려는 농민조직인 '작목반'은 영농기술의 도입, 영농자금의 조달, 공동구매 및 판매 등을 통해 나름 시장조건에 대응하는 데 유리한 편이다. 문제는 소농이다.

전통적인 방법에 의지하여 농산물을 재배하여 그 판매 수익으로 생계를 유지하는 소농의 경우 대다수가 연로한 농민들이다. 그러다 보니 크기를 비롯한 규격 생산이 불가능한데다 판로마저도 작목반이나 귀농 젊은층에 비해서는 매우 취약한 게 사실이다.

"이거 뭐 한 자루 내다 팔아야 내가 먹는 약값도 안 나온당께."

"올해는 애호박 값이 똥값여."

"오늘 경매받은 거 죄다 3등이랑께. 그러니 한여름 내내 고생해서 키워 놓고 뭐 남는 게 있겄어."

길에서 시장에서 만나는 농사 짓는 어르신들로부터 수시로 듣는 하소연이다. 봄부터 가을까지 힘든 몸을 이끌고 땀 흘려 가며 농사를 짓지만 그분들은 수천만 원의 큰돈을 손에 쥐고자 하는 분들이 아니다. 양심껏 잘 키워서 그저 먹고 사는 데 지장 없을 정도의 소득만 올려도 얼굴에 웃음꽃이 피는 그야말로 농사를 천직으로 삼고 살아온 우리네 시골의 부모님들이다. 그런 분들이 애지중지 자식처럼 키우고 가꾼 농산물 판매 시 제값을 못 받았다고 낙담을 하면 마음이 여간 아프고 쓰린 게 아니다.

군민에게 더 나은 삶을, 지역에 희망찬 미래를 제시하고 추진하겠다고 나선 군 의원이 아니던가. 그러니 책임감을 갖고 현실 개선을 위한 방안을 무엇이든 시도해야 한다는 생각이 컸다. 경영경제 관련 책을 자주 접한 이유도 그중 하나였다.

내가 찾은 해법은 다름아닌 농산물 제값 받기 전략 '구례 푸드 플랜(Food Plan)'이다.

젊은층 농민과 작목반에 참여하는 농민은 이같은 정보나 방법을 알아서 찾을 수 있고 실행으로 옮기는 것 또한 유리하다. 하지만 시골의 연로한 소작농으로서는 정보 입수에서 생산 관리 판매 그 어느 것 하나 수월하게 진행하기 어려운 게 사실이다.

특히 요즘같이 기후변화나 재배면적, 그리고 소비자 트랜드에 따라 크게 영향을 받는 판로에 있어서는 경매에서 특이나 1

등급의 농산물 출하 자체가 불가능하다고 봐야 한다. 재배 시 규격화 생산 자체가 어려운 현실인데다 정보 부재로 인한 생산량 조절이나 판로 개척도 접근이 힘든 현실이다.

경매는 국가가 재원을 들여서 농산물 경매장을 만들고 소비자와 생산자와의 원활한 농산물을 유통시키고 합리적 가격을 형성할 수 있도록 유도하여 소비자와 생산자와의 이익을 조절하는 기능인데 현재는 그게 아니다. 경매사들이 경매로 가격을 진행하여 특 또는 1등급은 가격이 형성이 되지만 2등급이하는 생산비가 나오지 않는다.

고령화로 인해서 작물관리를 재 때 하지 못하게 되는 고령농들은 우수한 농산물을 생산하지 못하고 경쟁력이 떨어지기 때문에 그 대안을 만들어야 한다. 5일장에 나가서 판매를 하지만 이 또한 소비인구가 적기 때문에 외부에 새로운 공급망을 만들어야 한다.

판로의 경우 반드시 경매만 유도할 일은 아니다. 구례 농산물의 안전성과 효과를 앞세워 도내 요식업체, 학교 급식이나 관공서, 기업, 식당 등으로의 유통을 주선하고 도시인들과의 온오프라인 직거래 장터도 운영하여 돕는 방법을 택할 필요가 있다.

지금 당장 구체적인 안을 내놓을 수는 없다. 사업 계획과 추진은 전문가집단의 노하우와 발빠른 행정력이 함께 가야 한다.

나에게 군을 이끌어갈 수 있는 수장의 자리가 주어진다면 '구례 푸드 플랜(Food Plan)'을 실행으로 옮기는 것은 무엇보다 우선시할 것이며 그리 불가능한 꿈이 아니라는 것을 보여주고 싶다.

'우리밀' 활성화, 찾기 나름이다

현대는 브랜드의 시대다. 국가도 지역도 단지 지명만이 아니라 대외적으로 익숙하게 알려진 그 무언가가 있을 때 가치 상승이 동반된다. 그렇게 놓고 보면 우리 구례야말로 나름 확실한 브랜드를 갖고 있으니 참으로 다행이고도 자랑스러운 일이다.

외지인들에게는 '구례' 하면 가장 먼저 떠오르는 이미지가 '산수유'다. 이는 곧 우리 고장의 브랜드가 된 것이다. 3월이면 산수유 꽃이 지리산 자락을 노란 물결로 뒤덮으며 가장 먼저 봄 소식을 알리는 봄의 전령사로 통한다. 해마다 매스컴에서는 어김없이 구례를 대표하는 특산물이자 관광자원이 된 '산수유'의 개화를 알린다. 산동면은 전국 산수유 생산량의 약 74%를 차지하는 최대 주산지이니 그야말로 우리 군 홍보를 대표하는 일등공신인 셈이고, 해마다 지리산 온천관광단지 일원에서 열리는 '구례산수유꽃축제'는 관광객들을 불러모은다. 산수유도 산수유를 재배하는 군민들도 무한 갈채를 받을 자격이 충분하다.

사람 욕심이 끝도 없다는 말이 있다. 하지만 나는 군 의원으로서 또 향후 우리 군의 경영자로서 욕심이 생기는 일이 있다. 개인을 위한 일이 아니기에 비난을 받을 일은 아니어서 다행이다. 그 욕심은 다름 아닌 '우리밀'을 산수유만큼이나 우리 군의 두 번째 브랜드로 만들고 싶은 것이다.

'구례 우리밀'은 우리 군은 물론이고 대외적으로도 단순한 곡물이 아닌 그 이상의 가치와 의의를 담고 있는 먹거리다. 대한민국 우리밀 부흥운동의 역사를 상징하는 귀한 존재라는 점에서 더욱 그렇다.

이미 30여 년 전인 1990년대 초, 구례 농민들은 수입밀에 밀려 거의 사라져가던 우리밀을 되살리고자 청정 지역에서 농약을 사용하지 않고 재배하는 데 힘을 합쳤고 그 결과 안전성을 인정받아 국내 최초로 우리밀 제분공장을 설립했다.

현재 구례군 광의면 구만리 우리밀영농조합법인의 '우리밀 가공공장'에서는 하루 8톤을 가공할 수 있는 시설을 갖추고, 밀

가루, 과자 등(국수는 들찬밀드림농업회사법인으로 이양) 다양한 형태로 소비자 기호에 맞게 가공· 포장된다. 국내에서 생산돼 신선함이 살아 있으며, 맛이 더욱 고소하고 구수한 것이 특징인 구례 우리밀은 무엇보다도 제분 과정에서 방부제나 표백제를 전혀 사용하지 않아 건강한 먹거리로 평가받도 있다.

여기에 친환경 유기농 농산물 가공 기업인 iN자연드림이 합류한 것도 우리밀을 알리는 데 큰 힘이 됐다. 2015년 '우리밀 글루텐'을 개발해 우리밀 가공제품에 사용하는 이 회사는 100% 우리밀로 된 식품을 만들면서 구례의 우리밀 확산과 소비에 큰 힘이 되어주고 있다. 최근 들어서는 지역농협과의 협업을 통해 숍인숍(Shop in Shop) 형태의 매장을 운영하며 우리밀 소비 확대에 애를 써 주고 있으니 더없이 고맙고 감사한 일이다.

한국일보 9월 15일자 〈지리산이 키운 건강의 열매, 구례 산수유와 우리밀〉 기사에서 기자는 구례 우리밀에 대해 이렇게 말했다.

"구례밀은 단순한 식품을 넘어 우리 농업과 식량 주권을 지키는 소중한 자산으로 인정받고 있다."

정확한 평가다. 구례가 생산하는 우리밀은 재배과정에서 소비까지 지력증진, 유휴 전답 활용, 농가소득증대, 외화 절약,

대기 정화 활동, 국민건강 지킴이에 이르기까지 각각의 장점은 물론이고 다양한 시너지 효과를 발휘하고 있다.

다만 우리 군으로서 아쉬운 것은 구례의 '우리밀'이 대한민국을 대표할 또 하나의 브랜드 가치를 발휘하려면 더 성장해야 한다는 과제가 남아 있다는 사실이다.

현재 관내에서는 우리밀국수전문점과 베이커리가 운영되고 있고 우리밀 밭을 풍경으로 내세운 펜션도 운영중이다. 따라서 인터넷 검색에서는 우리밀 빵지순례를 했고 국수를 먹었고 또 펜션을 다녀왔다는 네티즌들의 긍정평가도 존재한다. 긍정적인 효과이지만 구례 우리밀을 대외적으로 알리고 브랜드로 만들기까지는 아직 역부족이다.

그렇다면 이제는 군이 우리밀 소비 확대를 통한 브랜드 가치를 만들기 위한 일에 적극적으로 나서야 한다. 없던 것도 만들어서 브랜드화시키고 세계인을 관광객으로 불러들이는 트랜드가 전 세계로 확산되고 있는 시대다. 그렇다면 우리는 이미 갖고 있는 훌륭한 자산을 이용할 수 있으니 그 길은 한결 수월할 수밖에.

그간 개인적으로 고민해오던 사실을 풀어놓건대 먼저 우리밀 제품을 상품으로 내놓는 자영업자나 기업 수를 늘려야 한다. 이를 통해 단순히 국수나 빵, 과자만이 아니라 다 다양한 우리밀 제품을 선보이고 이를 '우리밀 푸드축제'와 같은 이벤트를 통해 널리 알리는 전략이 필요하다.

관건은 그 판을 군에서 깔아줘야 한다는 것이다. '산수유'를 잇는 구례의 브랜드 '우리밀'을 키우는 것은 관에서 거시적인 차원에서 계획하고 그 붐을 조성하고 이끌어야 한다는 게 나의 생각이다. '그걸 어떻게?'라고 할 일이 아니라 일단 시도를 해야 한다. 홍시가 떨어질 때까지 감나무 밑에 입 벌리고 누워 있는 것은 게으른 자의 후회로 이어지기 십상이 아니던가.

콘텐츠 발굴을 위한 전문가와의 협업 추진

TV나 온라인 뉴스에서 보다 보면 종종 정신을 빼앗길 만큼 몰입되는 경우가 있다.

귀촌은 아니지만 자연이 좋아서 농가 주택을 빌려 음식 연구를 하고 이웃들을 불러 함께 식사를 하기도 한다는 푸드스타일리스, 건강이 안 좋아져서 휴양차 내려온 농촌 마을에서 살다가 아예 눌러앉았다는 화가, 여행을 왔다가 한옥의 매력에 빠져서 아예 한옥을 구입하여 공방으로 운영한다는 외국인 공예가, 작품에 몰입하기 위해서 몇 가구 안 되는 한적한 시골 마을 빈집을 얻어 몇 달씩 머물면서 글을 쓴다는 작가 등등.

흔히 우리가 문화 예술가로 칭하는 이런 이들이 농촌에서 보내는 일상을 볼 때가 그렇다. 한편으로는 해당 지역을 부러워하면서도 다른 한편으로는 귀농 귀촌이 아니더라도 반년 또는 몇 년간이라도 구례에 내려와 생활인구로서 각자의 작품활동을 하게 된다면 구례의 새로운 변화를 몰고 오지 않을까 하는 생각이 앞서기 때문이다.

최근 들어서 지역마다 새로운 콘텐츠 발굴에 뛰어들고 있다. 음식, 축제, 레포츠, 이색 이벤트, 역사, 미술, 문학 등등. 이유는 하나다. 새로운 콘텐츠를 찾아내고 그것을 주제로 외지 사람들을 불러들이는 관광산업이 인구소멸과 지역 경제 침체를 멈추게 하면서 지역의 새로운 활력을 불어넣는 계기를 마련해 주기 때문이다.

대표적인 사례로 같은 전라남도 지자체이지만 우리와는 거리가 좀 떨어진 강진군을 보면 생활인구 확대를 위해 나름 지자체가 얼마나 많은 노력을 기울이고 있는지 알 수 있다. 지역소멸을 걱정하던 이 지자체는 인구 3만 2천여 명의 작은 군이지만 최근 1년 만에 282만 명의 관광객을 불러모으는 '핫플'로 주목을 받았다.

언론에서는 '반값 여행' 실험이 인구 감소와 경기 침체에 빠진 지역에 전에 없던 활기를 불어넣고 있는 게 사실이지만 이는 단순한 할인 정책을 넘어 지역 전체의 선순환 구조를 만들었다고 평가한다.

알고 보면 강진의 '반값 여행'의 성공은 하루아침에 쉽게 이루어지지 않았다. 이미 군은 관광, 여행객을 위해 다양한 밥상이 준비해왔던 것. 일례로 축제만도 강진 금곡사 벚꽃 삼십리길 축제, 전라병영성축제, 월출산 봄 소풍 가는 날, 강진 청자축제, 강진만 춤추는 갈대축제, 작천 코끼리 마늘꽃 3Days 등등 무려 12개나 된다는 사실이다.

'맛의 1번지'로 소문이 난 만큼 '강진한정식'은 간장게장, 전복찜, 광어회, 왕새우구이, 소고기 육회, 한우떡 갈비, 부꾸미, 보리굴비, 등등 그야말로 상다리가 휘어진다는 감탄사가 저절로 나온다.

지자체마다 차지하고 있는 면적, 지리적 여건, 특산품 등은 이미 오랜 세월을 거쳐 형성된 것이기에 갑자기 산을 옮기고 강을 만들 수는 없다. 중요한 것은 이미 갖고 있는 고유의 지역 특성과 문화 속에서 콘텐츠를 발굴하는 것이 생동감 넘치는 새로운 변화를 이끌 수 있다는 얘기다. 그렇다면 콘텐츠는 누가 발굴해야 할까?

우리 관민과 공무원들로부터 아이디어를 받아도 좋은 콘텐츠는 발굴할 수가 있다. 하지만 공무원도 상인도 농민도 각자의 본업에 집중해야 하기에 마냥 콘텐츠 발굴에 주력할 수가 없으며 강요할 수도 없는 일이기에 한계가 뒤따른다. 그렇기 때문에 조직이 클수록 관련 전문가가 발굴하고 진행하도록 하는 게 맞다.

정부에는 대형행사나 이벤트를 책임지는 관련 전문가가 있고 시 도 단위에서는 전문가를 위촉하는 방법을 택한다. 문화와 예술이 직업이자 곧 생활인 전문가들로부터 콘텐츠를 얻는 것이 가장 빠른 길이다.

하지만 우리 같은 군 단위 지자체에서는 그 엄청난 비용을 들이기에는 역부족이다. 그래서 일시적으로 쉼표가 필요하거나 작업활동을 하고자 하는 전문가들을 불러들이는 방법은 어떨까 싶다.

생활인구로 유입되려면 그들이 먹고 자고 작업할 수 있는 공간이 무엇보다도 중요하다. 군에서 그들에게 숙식할 수 있는 최적의 공간을 부담이 덜한 착한가격으로 제공하고 군은 그들과 수시로 소통하면서 구례 발전을 위한 콘텐츠를 끌어낸다면 이는 군과 문화예술인들의 상생모델이 될 수 있다.

그렇다면 그들이 머물 수 있는 공간은 어떻게 마련해야 할까? 크게 어려운 일이 아니다. 앞서서 생활인구가 될 디지털 노마드와 워케이션 직장인들의 숙소로 내가 제시한 '구례목재체험관'의 역할 확대에서 답을 찾으면 된다.

성인들을 대상으로 한 목조주택 짓기 프로그램을 마련하여 전문성을 강화하고 체험실습생들이 지은 목조주택을 디지털 노마드족과 워케이션 직장인들은 물론이고 문화 예술 분야의 전문가들이 창작활동을 할 수 있는 저가의 임대주택으로 활용하면 좋지 않겠는가 싶다.

강원도 화천군은 '토마토축제', '산천어축제'로 외국인들까지 관광객으로 끌어들이면서 군부대 지역에서 축제의 지역으로 이미지 변신에 성공한 지자체로 평가받은 대표적인 사례다. 경북 봉화군은 '봉화 빈집 활용 프로젝트'를 통해 오래된 집들을 리모델링해 저렴한 비용으로 청년 농업인이나 예술가들에게 제공하며 지역 공동체에 새로운 문화를 불어넣는다는 점에서 긍정적인 평가를 받고 있으며 청송군은 국립공원을 중심으로 한 생태관광, 산촌체험과 문화행사를 결합한 복합형 관광모델이 추진하고 있다고 한다.

일본에서는 이미 적지 않은 지자체들이 인구소멸과 함께 쇠락해져가는 지역을 독특한 문화나 테마를 내세워 관광지로 만들고 외국인들까지 불러들이며 성공적인 결과를 낳은 사례가 적지 않다. 이들의 지역 활성화 사례를 자세히 해석해 보면 지방자치단체 자체가 지역 혁신을 일으키기 위해 새로운 결합을 했다는 분석이다.

여기에는 지자체가 자체가 외부로부터 필요한 자원을 획득할 능력과 권한을 가진 강력한 변혁 주체가 되어 외부의 기업가나 전문가들과의 소통과 협업을 통한 프로젝트를 추진했다고 한다.

이제는 그야말로 군이 팔을 걷어붙이고 나서야 할 때다. 생활인구 증가와 새로운 변화를 위해서.

어르신들 가려운 부분도, 군이 나설 때다

"목욕탕 한번 가는 것도 큰일여."

"겨울엔 세탁기 있어도 빨래 말리는 게 문제여. 이불 빨래는 엄두도 못 낸다니께."

대중목욕탕에 가서 따뜻한 물에 몸을 담그고 피로를 풀고 때를 미는 것이 도시인들에게는 맘만 먹으면 누구에게나 가능한 당연한 일상이지만 일주일에 한 번 접어두고라도 한 달에 한 번만이라도 그것이 순조롭게 가능하길 바라는 분들이 적지 않다.

'선진국'이라고 하는 우리나라 농촌 어르신들의 현실이다.

시골 마을을 찾아가 군민들을 만나면 목욕이나 세탁에 대한 애로점을 호소하는 어르신들이 적지 않다. 특히 목욕의 경우 매우 현실적인 문제다. 비용이 문제일까? 아니다. 무엇보다도 이동의 불편함이다. 거동도 자유롭지 않은데다 막상 군에서 유일하게 대중목욕탕이 있는 구례 읍내까지 나오려면 자주 다니지도 않는 버스를 기다렸다가 이용해야 하며 많게는 왕복 세 시간이 소요되는 곳도 있다. 그러니 대중목욕탕 한 번 이용하는 것도 큰 맘(?)을 먹어야 하는 게 현실이다.

혹자는 농촌 지역도 온수 이용이 가능할 터이니 집에서 샤워하면 될 일로 치부할 수도 있겠지만 만일 그 대상자가 부모님이라면 당사자라면 얘기는 달라질 것이다. 농촌 지역의 난방 비용과 욕실 시설은 도시 대비 현실적으로 열악한데다 어르신일수록 샤워가 아닌 '목욕(?)'이 건강에 미치는 긍정적인 영향은 매우 크다는 것을 알아야 한다. 더욱이 어르신들에게는 대중목욕탕을 이용하는 목욕이 심리에도 큰 영향을 미쳐 이는 곧 행복지수와도 연결된다는 사실을 간과해서는 안 된다.

이쯤에서 우리 군의 노인 인구 비율과 분포도를 살펴보면 우리 군 인구의 고령화는 그 어느 지역 못지않게 초고령화가 가속화되고 있는 중이다. 2025년 9월 기준 구례군 인구 총 24,065 중 40.5%에 달하는 9,754명이 65세 이상 노인 인구이며, 이 중

구례읍에 거주하는 3,280을 제외한 6,471명이 7개 면 지역에 거주한다.

최근 들어 농촌 지역을 중심으로한 '노인맞춤돌봄서비스'가 확대되고 있긴 하지만 이 마저도 만 65세 이상 기초생활수급자, 차상위계층, 기초연금수급자 중 독거 · 조손가구 어르신들만이 그 대상이다.

얼마 전 한 섬 지역 지자체에서 독거노인과 취약계층의 집 정리와 대청소를 했다는 훈훈한 소식을 접했다. 지역자원봉사자들이 오랫동안 방치된 쓰레기와 잡동사니들로 악취마저 심한 집안을 정리해두리고 방과 베란다, 화장실, 주방, 냉장고 등의 쓰레기도 깨끗하게 정리하여 쾌적한 환경을 만들어냈다는 뉴스다.

지역공동체와 마을공동체가 잘 유지되려면 무엇보다도 지자체마다 자원봉사가 큰 이슈가 되어 점차적으로 맞춤형 봉사활동이 활발해져야 한다. 하지만 젊은층 인구가 턱없이 부족한 농촌 지자체에서는 마냥 자원봉사자들의 활동을 기대할 수도 없는 현실이다.

어떻게 해야 할까? 마냥 정부의 보편적 복지의 손길이 미치기만을 기다리고 있을 수 없는 일이다. 답은 분명하다. 군이 나서지 않으면 안 된다. 농촌 어르신 대중목욕탕 이용을 위한 차량, 인력(도우미), 비용 등의 지원과 세탁 건조가 가능한 이동형

세탁물 서비스가 가능한 시스템을 구현할 필요가 있다.

군민 어르신들의 가려운 부분을 긁어주는 것은 우리 군 행정의 책무다. 보다 구체적인 실행 방법과 예산 마련을 위한 담론을 서둘러야 할 때이다.

"새로운 무대에서 새롭게 만나는 소중한 가교로 이어지길…,"

어떤 길이든 처음 가는 새로운 길은 설레이면서도 긴장도 되고 때로는 장애물을 만날 수도 있습니다. 그럼에도 불구하고 우리는 늘 새로운 도전을 하게 됩니다.

처음으로 책을 펴내기 위한 원고를 집필하면서 글을 쓴다는 것은 풍부한 지식과 인내가 필요하다는 것을 깊이 깨달았습니다. 읽고 또 읽어봐도 서툰 문장을 다듬느라 나름 많은 시간을 쏟았습니다. 지나온 개인적인 삶과 군의원으로서의 활동한 일들을 써내려 가면서 자성의 시간도 갖게 되었고 한편으로는 보람도 느꼈습니다. 또 앞으로 구례를 위해 해야겠다고 다짐한 일들에 대한 신념을 밝히면서 저 자신을 더 단단하게 만드는 시간도 되었습니다.

이 한 권의 책은 제가 새로운 도전을 구례 군민들께 진솔하게 알리고 앞으로의 각오와 다짐을 약속드리는 무대라고 생각합니다. 도전을 향한 언어의 무게는 결코 가벼워서도 안 되며 현실성 있는 책임질 수 있는 언어이어야 하기에 글 한 편 한 편에 더 신중을 기하고자 했습니다.

이 책이 제가 군례 군민 여러분들과 새로운 무대에서 새롭게 만나는 소중한 가교로 이어지길 소망합니다.

2026. 1. 1 구례군의원 선상원